Apprenons les bases du français

Shiho OMIYA

Kenji TAKEMOTO

Bonjour !

Ça va ?

Editions ASAHI

ANGLETERRE

MANCHE

Ha.

Cherbourg-en-Cotentin

Le Havre

Rouen

Normandie

Brest

Versailles

P

Bretagne

St-Malo   Le Mont St-Michel

Île-

Chartres

Fra.

Rennes

Carnac

Pays-de-
la-Loire

Orléans

Angers

Tours

Centre-Val-
de-Loire

Nantes

la Loire

Poitiers

OCÉAN ATLANTIQUE

Nouvelle-
Aquitaine

Cle
Fe

Bordeaux

la Garonne

Toulouse

Mo

Lourdes

Occitanie

ESPAGNE

ANDORRE

LA FRANCE DANS LE MONDE

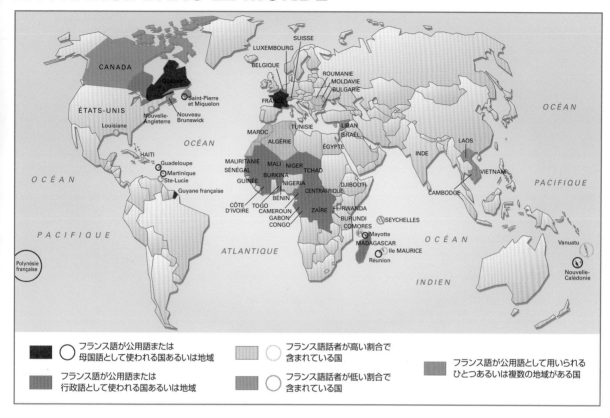

CANADA
Québec
ÉTATS-UNIS
Louisiane
Saint-Pierre et Miquelon
Nouvelle-Angleterre
Nouveau Brunswick
OCÉAN
HAITI
Guadeloupe
Martinique
Ste-Lucie
Guyane française
OCÉAN
PACIFIQUE
Polynésie française
ATLANTIQUE
LUXEMBOURG
SUISSE
BELGIQUE
ROUMANIE
MOLDAVIE
BULGARIE
FRANCE
MAROC
TUNISIE
LIBAN
ISRAËL
ALGÉRIE
ÉGYPTE
MAURITANIE
SÉNÉGAL
MALI
NIGER
TCHAD
GUINÉE
BURKINA
NIGERIA
CÔTE D'IVOIRE
TOGO
BÉNIN
CENTRAFRIQUE
DJIBOUTI
CAMEROUN
GABON
CONGO
ZAÏRE
RWANDA
BURUNDI
COMORES
SEYCHELLES
Mayotte
MADAGASCAR
Île MAURICE
Réunion
OCÉAN
INDE
LAOS
VIETNAM
CAMBODGE
OCÉAN
PACIFIQUE
INDIEN
Vanuatu
Nouvelle-Calédonie

フランス語が公用語または母国語として使われる国あるいは地域

フランス語が公用語または行政語として使われる国あるいは地域

フランス語話者が高い割合で含まれている国

フランス語話者が低い割合で含まれている国

フランス語が公用語として用いられるひとつあるいは複数の地域がある国

LA FRANCE EN EUROPE

NORVÈGE
SUÈDE
FINLANDE
ESTONIE
MER DU NORD
DANEMARK
Mer Baltique
LETTONIE
LITUANIE
RUSSIE
IRLANDE
ROYAUME-UNI
PAYS-BAS
BELGIQUE
ALLEMAGNE
POLOGNE
BIÉLORUSSIE
LUXEMBOURG
RÉPUBLIQUE TCHÈQUE
SLOVAQUIE
UKRAINE
OCÉAN ATLANTIQUE
FRANCE
SUISSE
AUTRICHE
HONGRIE
MOLDAVIE
VAL D'AOSTE
SLOVÉNIE
CROATIE
ROUMANIE
ANDORRE
ITALIE
BOSNIE
RÉPUBLIQUE FÉDÉRALE DE YOUGOSLAVIE
BULGARIE
MER NOIRE
PORTUGAL
ESPAGNE
ALBANIE
MACÉDOINE
GRÈCE
Mer Égée
TURQUIE
MALTE
CHYPRE

FRANCE

BELGIQUE

ALLEMAGNE

LUXEMBOURG

Reims

Nancy

Strasbourg

Grand-Est

la Seine

Bourgogne-
Franche-Comté

Besançon

Dijon

SUISSE

Lyon

Auvergne-
Rhône-Alpes

Grenoble

le Rhône

ITALIE

Avignon

Provence-Alpes-
Côte-d'Azur

Arles

Aix-en-Provence

MONACO

Nice

Cannes

Marseille

MER MÉDITERRANÉE

Corse

Ajaccio

フランス語の世界へようこそ

『*Apprenons les bases du français* 文法と文化で学ぶ 基礎フランス語』は、フランス語の文法の基礎を学ぶための教科書です。

本書は全15課で成り立っています。条件法や接続法など、難易度の高い文法事項は **Appendice** で学ぶようにしています。

各課の学習内容は基本的な事柄に限っており、**Grammaire**（補足）で文法事項の説明を補っています。語彙は **Vocabulaire** にまとめて記載しています。とりわけテキストの前半では語彙を限定していますので、適宜 **Vocabulaire** をご覧ください。

各課は4ページで構成されています。見開き2ページに文法の説明を記しており、学習した事柄の理解度を確認するため、項目ごとに「確認」の問題を配置しています。3ページ目から4ページ目にかけての **Exercices** では、文法問題、並べかえによる作文、聞き取り問題、ミニ会話の練習に取り組みます。なお、フランス語の例文には和訳をつけていないものもあります。文の意味が分からないときは、辞書を引いてみましょう。

4ページ目にもうけたコラムでは、様々な分野の専門家が捉えた「フランス語圏の文化」を紹介しています。「問い」への回答を考えることで、テーマに関する理解をさらに深めることができます。

本書の特徴の一つは、つづりと発音の学習を重視している点です。その基本的な規則は Leçon 0 にまとめて記載するとともに、各課に **Prononciation** をもうけています。**Prononciation** では Leçon 0で学んだことを少しずつ復習し、知識を固めていきます。また、単語の発音記号を記すよう留意しました。録音されているネイティブの発音を聞きながら、発音記号を目で確認し、声を出してフランス語を発音することで、つづりと発音の規則を効率よく学び、フランス語の音を身につけることができます。

さて、フランス語の名詞には男性・女性の区別があります。近年、フランス語圏社会で多様な性の存在が認知されつつあることを踏まえて、一部の職業を表す名詞にこれまで存在しなかった女性形が新たに作られています。また、学校文法としては規範化されていないため、本書では採用してはおりませんが、性や数をすべて反映させて表記する「通性的」書記法も考案されています。ジェンダーやセクシュアリティの平等実現に向けた取り組みが行われているのです。フランス語学習者の皆さんも、こうした問題への意識が高まっていくことでしょう。

文化や社会の変化を受けて、言語も日々変容しています。ちなみに、表紙のデザインは、皆さんがこれからフランス語を初めて学ぼうとする入口と、フランス語を学習することを通じて新しい世界へと飛び出していく出口とがイメージされています。皆さんには、フランス語を学ぶことで、フランス語圏の社会や文化の過去、「いま」、そしてこれからを楽しく探究していただければ幸いです。

2022年夏　著者

目次

Leçon 0　フランス語のつづり字の発音

Alphabet （アルファベ）

A a [a]	B b [be]	C c [se]	D d [de]	E e [ə]	F f [ɛf]	G g [ʒe]	H h [aʃ]
I i [i]	J j [ʒi]	K k [ka]	L l [ɛl]	M m [ɛm]	N n [ɛn]	O o [o]	P p [pe]
Q q [ky]	R r [ɛR]	S s [ɛs]	T t [te]	U u [y]	V v [ve]	W w [dubləve]	
X x [iks]	Y y [igRɛk]	Z z [zɛd]					

つづり字記号

母音の上に、下のようなアクサン記号がつくことがあります。これらはつづりの一部であって、強く発音するという意味ではありません。

accent aigu	（アクサン・テギュ）	é
accent grave	（アクサン・グラーヴ）	à, è, ù
accent circonflexe	（アクサン・シルコンフレックス）	â, î, û, ê, ô

トレマは連続する二つの母音字を分けて発音することを示す記号です。

tréma	（トレマ）	ï, ë, ü ＊maïs [mais] 「マイス」

I　単母音字

a, à, â	[a]	「ア」	nature [natyR]	＊「エイ」ではありません。
i , î, y	[i]	「イ」	île [il]　style [stil]	＊「アイ」ではありません。
u, û	[y]	「ユ」	bus [bys]	＊「バス」ではありません。
o, ô	[o][ɔ]	「オ」	hôpital [opital]　olive [ɔliv]	

e [e] [ɛ] [ə]　＊eの読み方は母音の中で一番複雑です。一つ一つ覚えていきましょう。

● é, è, ê のようにアクサン記号のついているものは [e] [ɛ]「エ」と発音します。
　mère [mɛR]　fête [fɛt]　église [egliz]

● 原則として語末の e は無音です。軽い「ウ」と聞こえることもあります。
　tante [tɑ̃t]
　子音＋e　　de [də]「ドゥ」　　se [sə]「ス」　　me [mə]「ム」　　ne [nə]「ヌ」
　＊フランス語のアルファベットの e は [ə]「ウ」と発音することを忘れないようにしましょう。

● 同じ子音字が連続するとき、その前に置かれた e は [ɛ]「エ」と発音します。
　elle [ɛl]　　appelle [apɛl]

1

④ **II 複母音字** ＊複数の母音字が組み合わされて一つの音を表します。

au, eau	[o]	「オ」	**beau** [bo]	
ai, ei	[ɛ] [e]	「エ」	**mai** [mɛ]	**Seine** [sɛn]
eu, œu	[ø] [œ]	「ウ」	**peu** [pø]	**heureux** [œʀø]
ou	[u]	「ウ」	**beaucoup** [boku]	

⑤ **III 鼻母音** [ɑ̃] [ɛ̃] [œ̃] [õ]

en, em, an, am	[ɑ̃]	「アン」	**ensemble** [ɑ̃sɑ̃bl]	＊「エン」ではありません。
in, im, yn, ym	[ɛ̃]	「アン」	**fin** [fɛ̃]	＊「イン」ではありません。
ain, aim, ein, eim	[ɛ̃]	「アン」	**train** [tʀɛ̃]	＊「エイン」ではありません。
un, um	[œ̃]	「アン」	**un** [œ̃]	

＊これら三種類の鼻母音は、カタカナ読みでは「アン」ですが、発音記号が異なることから分かる通り、それぞれ異なる音です。

on, om	[õ]	「オン」	**son** [sõn]

⑥ **IV 半母音** [j] [w] [ɥ] ＊後ろに置かれた母音と組み合わせて一音節（一拍）で発音します。

i＋母音字	**piano** [pja-no]	**ia**の部分を一拍で発音します。「ピ・ア・ノ」ではなく「ピア・ノ」です。
ou＋母音字	**oui** [wi]	**oui**を一拍で発音します。「ウ・イ」ではなく「ウイ」です。
u＋母音字	**puis** [pɥi]	**ui**の部分を一拍で発音します。「ピュ・イ」ではなく「ピュイ」です。
oi [wa] 「オワ」	**moi** [mwa]	**oi**の部分を一拍で発音します。「モ・ワ」ではなく「モワ」です。
ill [ij] 「イユ」	**fille** [fij]	
ail(l) [aj] 「アイユ」	**travail** [tʀavaj]	
eil(l) [ɛj] 「エイユ」	**pareil** [paʀɛj]	

⑦ **V 注意すべき子音字**

● 原則として語末の子音字は発音しません。

nous [nu]	**vous** [vu]	**chantes** [ʃɑ̃t]	**chantez** [ʃɑ̃te]

● **h** は発音しません。　　　**hôtel** [otɛl]

＊ただし有音と無音の区別があります。「有音」とは発音するという意味ではなく、リエゾン、アンシェヌマン、エリジョン（それぞれ下記）を行わないということです。

qu [k]	**que** [kə]	＊「クエ」ではなく「ク」です。
gn [ɲ] 「ニュ」	**signature** [siɲatyʀ]	
ch [ʃ]	**chat** [ʃa]	＊「チャット」ではありません。
c ＋ i, e [s]	**ceci** [səsi] 「スシ」	

2

c + a, o, u [k]　　　　　　　　café [kafe]

ç [s]　　　　　　　　　　　　garçon [gaʀsõ]　　＊cの下にある記号は「セディーユ」と言います。
　　　　　　　　　　　　　　　　　　　　　　　　　cを [s] の音で発音することを示します。

g + i, e, y [ʒ]　　　　　　　garage [gaʀaʒ]

g + a, o, u [g]　　　　　　　garage [gaʀaʒ]

s [s] [z]

　　母音と母音に囲まれた s [z]　　maison [mɛzõ]

　　連続した ss [s]　　　　　　　politesse [pɔlitɛs]

ph [f]　　　　　　　　　　　　philosophe [filɔzɔf]

th [t]　　　　　　　　　　　　thé [te]　　　　＊英語のように舌をかむ音ではありません。

x [ks] [gz] [s]　　　　　　　taxe [taks]　　　exemple [egzãplə]　　　six [sis]

文法上判断される発音

●動詞の原形語尾 er [e]「エ」　　　　　　　　chanter [ʃãte]「シャンテ」

● vous の活用語尾 -ez [e]「エ」　　　　　　　vous chantez [vu ʃãte]

●三人称複数の活用語尾 ent は絶対に発音しません。　ils chantent [il ʃãt]

●複数形を示す s は絶対に発音しません。　　　ils [il]　　　chats [ʃa]

●定冠詞単数 le [lə]「ル」／定冠詞複数 les [le]「レ」／不定冠詞複数 des [de]「デ」

●形容詞、過去分詞の、通常発音されない語末の子音字は、女性形になってeがつくと発音されます。

　　　　　　　　　　　　　　　petit [pəti] (*m.*)　　　petite [pətit] (*f.*)
　　　　　　　　　　　　　　　　t を発音しない　　　　　t を発音する

リエゾン、アンシェヌマン、エリジョン

● liaison（リエゾン）：

　　発音されない子音字で終わる単語の後に、母音（または無音の h）で始まる単語が続くとき、その子音字と母音字をつなげて発音すること。

　　vous êtes [vuzet] / nous avons [nuzavõ] / vous avez [vuzave] / ils ont [ilzõ] / elles ont [elzõ]

● enchaînement（アンシェヌマン）：

　　発音する子音字で終わる単語の後に、母音（または無音の h）で始まる単語が続くとき、その子音字と母音字をつなげて発音すること。il a [ila] / elle a [ela]

● élision（エリジョン）：

　　le, la, ce, de, je, ne, me, te, se, que, si などの後に母音（または無音の h）で始まる単語が続くとき、これらの語末の母音字を省略し、アポストロフ (') をつけること。

　　je ai ×　　j'ai [ʒe] ○　　　　　　　　　　la étoile ×　　l'étoile [letwal] ○

　　si il ×　　s'il [sil] ○　　　*cf.* si elle

3

⑩ Ⅰ 名詞の性と数

●名詞には男性・女性の区別がある。生物学的な性のある名詞は、そのまま男性名詞、女性名詞となる。それ以外の名詞についても、文法上、男性・女性の区別がある。

男性名詞（単数）	garçon [gaʀsõ] 男の子	homme [ɔm] 男性	livre [livʀ] 本
女性名詞（単数）	fille [fij] 女の子 carte [caʀt] カード	femme [fam] 女性	université [univɛʀsite] 大学

●名詞の複数形は、単数形にsをつけることで示される。発音は変わらない。

男性名詞（複数）	garçons [gaʀsõ]	hommes [ɔm]	livres [livʀ]	
女性名詞（複数）	filles [fij]	femmes [fam]	universités [univɛʀsite]	cartes [caʀt]

確認1 身のまわりのものについて、女性名詞・男性名詞のどちらであるか、先生に質問してみましょう。何か規則性はあると思いますか？

⑪ Ⅱ 冠詞

●冠詞には、定冠詞、不定冠詞、部分冠詞がある。定冠詞、不定冠詞にはそれぞれ男性形・女性形・複数形（男性／女性同形）がある。部分冠詞には男性形と女性形があり、複数形はない。

1. 定冠詞：限定される名詞、総称を表す名詞、1つしか存在しないものにつく。

男性単数	女性単数	男性/女性・複数
le [lə]	la [la]	les [le]

＊le, la は後ろに母音または無音のhで始まる単語が続くとき、エリジョンによってl'になる。

le garçon　　les garçons　　la fille　　les filles　　l'homme　　l'université

2. 不定冠詞：不特定の数えられる名詞につく。

男性単数	女性単数	男性/女性・複数
un [œ̃]	une [yn]	des [de]

un garçon　　des garçons　　une fille　　des filles　　un livre　　des livres

3. 部分冠詞：不特定の数えられない名詞につく。

男性単数	女性単数
du [dy] (de l')	de la [də la] (de l')

＊後につづく名詞が母音または無音のhで始まる場合はde l' になる。

例　×du argent　　○de l'argent お金　　×de la eau　　○de l'eau 水
　　du café コーヒー　　de la viande 肉　　du courage 勇気　　de la chance 幸運

確認2 身のまわりのものについて、三種類の冠詞のうちどの冠詞がつくのか、分類してみましょう。分からないものは先生に質問して確認しましょう。

III 主語人称代名詞

☞ 巻末 Grammaire：Leçon 1　⑫

je	[ʒə]	私は	nous	[nu]	私たちは
tu	[ty]	きみは	vous	[vu]	あなたは／あなたたちは／きみたちは
il	[il]	彼は／それは	ils	[il]	彼らは／それらは
elle	[ɛl]	彼女は／それは	elles	[ɛl]	彼女らは／それらは

＊tuは親しい間柄の人（単数）に対して用いる。
＊il, elle, ils, elles は人以外のものを受けることもある。
＊je は後ろに母音または無音の h で始まる単語が続くとき、エリジョンによって j' になる。

IV 動詞 être　＊être は英語の be 動詞にあたる。　⑬

◆ être [ɛtʀ] の直説法現在活用

je suis	[ʒəsɥi]	nous sommes	[nusɔm]
tu es	[tyɛ]	vous êtes	[vuzɛt]
il est	[ilɛ]	ils sont	[ilsõ]
elle est	[ɛlɛ]	elles sont	[ɛlsõ]

Je suis japonaise.　　Je suis la femme de Pierre. 私はピエールの妻です。

Nous sommes dans la salle de classe. 私たちは教室にいます。

Qu'est-ce que c'est ? これは何ですか。　C'est un stylo. これは万年筆です。　Ce sont des cartes.

cf. Voici un dictionnaire. ここに辞書があります。　Voilà des livres. あそこに（数冊の）本があります。

確認3　「これらは万年筆です。」という文章を作ってみましょう。

V 動詞 avoir　＊avoir は英語の have にあたる。　⑭

◆ avoir [avwaʀ] の直説法現在活用

j'ai	[ʒe]	nous avons	[nuzavõ]
tu as	[tya]	vous avez	[vuzave]
il a	[ila]	ils ont	[ilzõ]
elle a	[ɛla]	elles ont	[ɛlzõ]

Sophie a 30 ans. Elle a une fille. ソフィーは30歳です。彼女には娘が一人います。

Le professeur a froid, mais les élèves ont chaud. 先生は寒いが、生徒たちは暑い。

☞ 巻末 Vocabulaire：19. 動詞 avoir を用いた表現

確認4　「私は万年筆を一本持っている。」「君は18歳だ。」という文章を作ってみましょう。

🎙 **Prononciation**　⑮

・**ou** [u]	nous	vous
・**i, y** [i]	livre	stylo [stilo]
・**ai** [ɛ] [e]	j'ai	mais [mɛ]

確認5　次の単語を発音してみましょう。
1) couple　　2) type　　3) ici　　4) dictionnaire

Exercices

I 次の問いに答えましょう。

1. （　　）内の動詞を適切なかたちに活用しましょう。

1) Nous (avoir :　　　　　　) des livres.
2) Il (être :　　　　　　　) professeur.

2. 次の文章を日本語に訳しましょう。

1) Sophie a de la chance. --
2) Voici un stylo. --
3) Nous avons froid. ---

3. フランス語の文章の日本語訳を読み、（　　）内に適切な冠詞を入れましょう。

1) 庭に女の子たちがいます。　＊il y a ～がある／いる。　☞ 巻末 Grammaire : Leçon 8

　Il y a (　　　　　) filles dans le jardin.
2) それはマリーのカードです。

　C'est (　　　　　) carte de Marie.
3) ママ、お水ちょうだい。　＊s'il te plaît お願い

　Maman, (　　　　) eau, s'il te plaît.

II 日本語文に合致するように【　　】内の語を並べかえましょう。（文頭に置くべき単語も小文字で表しています。）

1) 私は学生です。【je / étudiant / suis】　＊étudiant : 学生

　---
2) 私は20歳です。【vingt / j'ai / ans】

　---
3) あなたはレストランにいます。【êtes / dans / vous / restaurant / un】

III ⑯ 発音された語句の日本語の意味を答えましょう。その後、語句を自分で発音してみましょう。

1) ------------------　2)------------------　3)------------------　4)------------------

IV 例にならい、Qu'est-ce que c'est ?（「これは何ですか。」）という質問に「これは～です。」と答えてください。まず答えの文章を書き、次に書いた文章を隠して口頭で答えてください。

例　Qu'est-ce que c'est ?【一匹の犬 chien (m.)】　　Qu'est-ce que c'est ?【数匹の犬】
　→C'est un chien.　　　　　　　　　　　　　　→Ce sont des chiens.

1) Qu'est-ce que c'est ?【一個のリンゴ pomme (*f.*)】

→ --

2) Qu'est-ce que c'est ?【数匹の猫 chat (*m.*)】

→ --

バカロレアの口述試験

　フランスの「バカロレア」を聞いたことがありますか。これは大学進学を希望する人が取得しなければならない資格であり、試験で一定の点数を得ることにより付与されます。現在のバカロレアは19世紀初頭にナポレオンⅠ世により創設されました。その後何度も改革が行われ、現在に至っています。2021年の改革では、新たな必修科目として口述試験 (grand oral) が導入されました。その内容は、発表、面接官との質疑応答と議論です。発表の準備は高校の教員の指導下で行われます。

　受験生は事前に発表の原稿を作り、試験当日は原稿なしで発表を行います。その際、完璧に書かれた文章をただ暗唱すれば済むのではありません。まず、相手に聞いてもらえるように話さなければなりません。また、人前で話す緊張とストレスや、内気さを乗り越えなければなりません。そのために、受験生は演説の基本的な技術を学び、十分練習を重ねて試験に臨みます。

　フランスの学校教育では、適切な言葉を用いて口頭で自分の考えを伝える力、問題を言葉で解決する力は、生涯にわたって必要であるとともに、性格や才能に関係なく、誰もが教育によって一定のレベルまで身につけることができる、と捉えられています。さらに口頭表現力は、「格差」解消の一つの手段であると考えられているのです。

アンリ4世校の入り口

問いかけ

バカロレアの口述試験は母語で行われますが、ここで言う「口頭表現力」と、外国語による「コミュニケーション力」と、どのような点が重なると思いますか。

Leçon

1

7

Leçon 2 — 第一群規則動詞（er動詞）／否定文／疑問文

⑰ **I 第一群規則動詞（er動詞）の直説法現在**

●第一群規則動詞（er動詞）とは、原形の語尾がerの動詞を指す。

◆**er動詞の直説法現在活用語尾**

je	-e	nous	-ons
tu	-es	vous	-ez
il	-e	ils	-ent
elle	-e	elles	-ent

◆**chanter [ʃɑ̃te]（歌う）の直説法現在活用**　＊原形のer部分は[e]と発音する。rは発音しない。

je chante	[ʒə ʃɑ̃t]	＊eは発音しない	nous chantons	[nu ʃɑ̃tɔ̃]	＊sは発音しない
tu chantes	[ty ʃɑ̃t]	＊esは発音しない	vous chantez	[vu ʃɑ̃te]	＊zは発音しない
il chante	[il ʃɑ̃t]	＊eは発音しない	ils chantent	[il ʃɑ̃t]	＊entは発音しない
elle chante	[ɛl ʃɑ̃t]	＊eは発音しない	elles chantent	[ɛl ʃɑ̃t]	＊entは発音しない

＊母音または無音のhで始まる動詞が続くとき、jeはエリジョンによってj'となる。　例　J'aime.　J'habite.

er動詞の例

aimer 愛する	arriver 到着する	danser 踊る	donner 与える	écouter 聞く
étudier 勉強する	inviter 招待する	marcher 歩く	parler 話す	regarder 見る
travailler 働く	habiter 住む	visiter 訪れる	manger 食べる（☞ 巻末動詞変化表 n° 5）	

確認1　この中から動詞を二つ選び、各人称に活用してみましょう。

⑱ **II 否定文**

1. 基本

否定文の作り方：ne (n') + 動詞 + pas

＊母音または無音のhで始まる動詞が続くとき、エリジョンによってneはn'となる。

je chante. 私は歌う。　→　je ne chante pas. 私は歌わない。

確認2　chanterとhabiterについて、否定形に活用してみましょう。

2. 様々な否定形

●pasの代わりにplus, jamaisなどを用いることで、次のような意味の否定文を作ることができる。

ne ～ plus	もう～でない	Je ne chante plus.	私はもう歌わない。
ne ～ jamais	決して～でない	Je ne chante jamais.	私は決して歌わない。
ne ～ que	～しかない	Je ne travaille que le matin.	私は朝しか勉強しない。
ne ～ rien	何も～ない	Il ne donne rien à Marie.	彼はマリーに何もあげない。

ne ～ pas encore　まだ～ない	Un bébé de trois mois ne parle pas encore.
	三ヵ月の赤ん坊はまだ言葉を話さない。
ne ～ pas du tout　全く～ない	Jean ne regarde pas du tout la télévision.
	ジャンはテレビを全く見ない。

確認3　日本語に訳しましょう。

Elle ne danse jamais.　　　　Je n'ai que 10 euros.　　　　☞ 巻末 Vocabulaire : 1. 数字

III　疑問文　

● Oui（はい）または Non（いいえ）で答える疑問文は、次の三つのいずれかの方法で作ります。

1）イントネーションを上げる	Vous chantez ?	あなたは歌いますか。
2）文頭に Est-ce que をつける	Est-ce que vous chantez ?	あなたは歌いますか。
＊que は母音の前では qu' になる。	Est-ce qu'ils chantent ?	彼らは歌いますか。
3）主語と動詞を倒置する	Chantez-vous ?	あなたは歌いますか。
	動詞　　主語	＊動詞と主語の間に「-」を入れる。

＊主語と動詞を倒置する疑問文の場合、主語が名詞のときは、その名詞を文頭に置き、名詞を置きかえるときの代名詞によって倒置を行う。Pierre et Marie chantent-ils ?

＊三人称単数の活用語尾が母音字で終わる動詞の場合、主語代名詞と動詞を倒置するとき、間に「-t-」を入れる。Chante-t-il ?

確認4　« Vous dansez. »「あなたは（あなたたちは）踊る。」の疑問文を三通り作りましょう。

疑問文に答えるとき

Vous parlez français ?	– Oui, je parle français.
	– Non, je ne parle pas français.
Vous ne parlez pas français ?	– Si, je parle français.
	– Non, je ne parle pas français.

確認5　確認4の疑問文「あなたは（あなたたちは）踊りますか。」に対し、「はい、私は（私たちは）踊ります。」及び「いいえ、私は（私たちは）踊りません。」と答える文を作りましょう。

🎙 **Prononciation** 🎧⑳

・in [ɛ̃]	inviter [ɛ̃vite]	fin [fɛ̃]
・en [ɑ̃]	entrer [ɑ̃tʀe]	attention [atɑ̃sjɔ̃]
・三人称複数の活用語尾 ent は絶対に発音しない。	elles dansent [ɛl dɑ̃s]	

確認6　次の単語・語句を発音してみましょう。

1) ils visitent　　　2) nous pensons　　　3) invention

Leçon

2

9

Exercices

Ⅰ 次の問いに答えましょう。

1. （　　　）内の動詞を適切なかたちに活用しましょう。

1) Tu (écouter :　　　　　　　　　　） les informations ?
2) Léa et Sophie (visiter :　　　　　　　　　　　） le musée du Louvre.
3) Nous (marcher :　　　　　　　　　） vite.

2. Est-ce que を用いた疑問文と、倒置による疑問文に書きかえましょう。

1) Elle parle bien français.

・ --
・ --

2) Paul a un frère.

・ --
・ --

3. 次の質問に肯定・否定で答えましょう。

Ils n'habitent pas en France ?

・ --
・ --

4. 日本語に訳しましょう。

1) Ils ne travaillent pas du tout.

----

2) Marie ne mange rien le matin.

Ⅱ 日本語文に合致するように【　　】内の語を並べかえましょう。（文頭に置くべき単語も小文字で表しています。）

1) 私はもうガスパールのことが好きではありません。【aime / je / plus / Gaspard / n']

----

2) バスはまだ到着しません。【n' / arrive / bus / le / encore / pas】

㉑ Ⅲ 発音された文章を記号で答えましょう。その後文章を自分で発音してみましょう。

1)
a. Marie danse la nuit.
b. Marie chante la nuit.
c. Marie travaille la nuit.

2)
a. Ils habitent à Tokyo.
b. Il habite à Tokyo.
c. Elles habitent à Tokyo.

10

IV 次の質問に対し、指定された語に続けて答えてください。まず答えの文章を書き、次に書いた文章を隠して口頭で答えてください。

1) Est-ce que vous regardez souvent la télévision ?
   – Oui, _____

2) Vous étudiez la littérature ?
   – Non, _____

フランスでの「質の良い消費生活」のために

　最近のフランスの「消費者」を見ていると、物の品質や環境保護へのこだわりが感じられます。「Bio」製品（自然食品や自然素材由来の洗剤等）専門のチェーン店が増えており、「豆腐（tofu）」の惣菜も好まれています。また、週に複数回立つマルシェや、地元のパン屋、肉屋には行列が見られます（まさに「餅は餅屋」です）。パン屋では購入したパンが紙袋に入れて渡され、チーズ、肉だけではなく、パスタやドライフルーツの量り売りもあります。プラスチック削減だけではなく、食品ロスを防ぐ上でも有効です。

　フランスでは伝統的にワインに付されるAOCなどの原産地呼称制度や、品質を示すマーク（例えば、Bio製品に付される「AB（agriculture biologique）」マーク）が存在し、「パン屋（boulangerie）」や「自家製（fait maison）」と名乗るための要件が消費法典で定められるなど、製品の価値を消費者に正しく示す取組みが見られます。また、国立消費研究所（INC）が発行し、駅や路上の売店でも購入できる月刊誌『60 millions de consommateurs』には、食品の安全性に関する記事や、「質・味の良いマカロンランキング」などの特集が掲載されており、消費者への質の良い消費生活のための情報提供が活発になされています。

問いかけ

フランスの食品・飲料と言えば、何を思い浮かべますか？

その食べ物のパッケージに何かラベルがついていないか、調べてみましょう。

Leçon 3 命令法／第二群規則動詞(ir動詞)／動詞partir／疑問副詞

㉒ I 命令法

●動詞のtu, nous, vousの直説法現在形の活用から主語を除くと命令形になる。命令形にはこれら三つの人称に対応した三つのかたちがある。

chanter 歌う

Tu chantes.	君は歌う。
Nous chantons.	私たちは歌う。
Vous chantez.	あなた（あなたたち）は歌う。
↓	
Chante !	歌いなさい。　＊er動詞のみ、tuに対する命令形で語尾のsを取る。
Chantons !	歌いましょう。
Chantez !	歌ってください。

●肯定命令形の動詞部分をneとpasではさむと否定命令形になる。

Ne chante pas !	歌わないで。　＊er動詞のみ、tuに対する命令形で語尾のsを取る。
Ne chantons pas !	歌わないようにしましょう。
Ne chantez pas !	歌わないでください。

確認1 動詞danser（踊る）について、三つのかたちの肯定命令形を作りましょう。

㉓ II 第二群規則動詞（ir動詞）の直説法現在

●第二群規則動詞（ir動詞）とは、原形の語尾がirの動詞を指す。

◆ir動詞の直説法現在活用語尾

je	-is	nous	-issons
tu	-is	vous	-issez
il	-it	ils	-issent
elle	-it	elles	-issent

◆choisir [ʃwazir]（選ぶ）の直説法現在活用　＊語尾のrを発音する。

je choisis	[ʒə ʃwazi]	＊sは発音しない	nous choisissons	[nu ʃwazisɔ̃]	＊sは発音しない
tu choisis	[ty ʃwazi]	＊sは発音しない	vous choisissez	[vu ʃwazise]	＊zは発音しない
il choisit	[il ʃwazi]	＊tは発音しない	ils choisissent	[il ʃwazis]	＊entは発音しない
elle choisit	[ɛl ʃwazi]	＊tは発音しない	elles choisissent	[ɛl ʃwazis]	＊entは発音しない

ir動詞の例

finir 終える　réussir 成功する　grandir 大きくなる　obéir 従う　saisir 把握する

確認2 この中から動詞を一つ選び、各人称に活用しましょう。

III 動詞 partir

●原形の語尾が ir であっても、不規則動詞に属するものがある。

◆ partir [partiʀ]（出発する）**の直説法現在活用**　　＊語尾の r を発音する。

je pars	[ʒə paʀ]	＊ s は発音しない	nous partons	[nu paʀtõ]	＊ s は発音しない
tu pars	[ty paʀ]	＊ s は発音しない	vous partez	[vu paʀte]	＊ z は発音しない
il part	[il paʀ]	＊ t は発音しない	ils partent	[il paʀt]	＊ ent は発音しない
elle part	[ɛl paʀ]	＊ t は発音しない	elles partent	[ɛl paʀt]	＊ ent は発音しない

＊不規則動詞だが、ある程度の規則性はある。→ je -s, tu -s, il -t, elle -t. ／ nous, vous, ils, elles では原形の ir の前の子音 + ons, ez, ent, ent.

同型活用の動詞の例

dormir 眠る　　　sortir 出かける　　　servir 仕える　　　sentir 感じる

確認3　この中から動詞を一つ選び、各人称に活用しましょう。

IV 疑問副詞

quand	「いつ」	Quand est-ce que tu pars en vacances ?　いつバカンスに行くの？ – Je pars en vacances en été.　バカンスには夏行くよ。
où	「どこ」	Où est-il ? – Il est dans le salon. 彼はどこにいますか。—リビングにいます。
comment	「どのように」	Comment fêtez-vous le Nouvel An en France ? フランスでは新年をどのように祝いますか。
pourquoi	「なぜ」	Pourquoi est-ce qu'il ne part pas en vacances ? 彼はなぜバカンスに行かないのですか。 – Parce qu'il est malade.　病気だからです。
combien	「いくら」	Ça fait combien ? – Ça fait trois euros. いくらですか。—3ユーロです。
combien de	「いくつの」	Combien de frères et sœurs avez-vous ? – J'ai un frère. 兄弟姉妹は何人いらっしゃいますか。—兄が一人います。

確認4　（　　）内に適切な語を入れましょう。

1)　（　　　　　　） sont les enfants ?　　　子供たちはどこですか。
2)　（　　　　　　） est-elle ?　　　　　　　彼女はどのような人ですか。

🎤 Prononciation

· eu [ø]		euro [øʀo]		
· œu [œ]		sœur [sœʀ]		
· é [e]　è ê [ɛ]		été [ete]	frère [fʀɛʀ]	fête [fɛt]

確認5　次の単語・語句を発音してみましょう。

1) un peu　　　　2) cœur　　　　3) enquête

Leçon 3

Exercices

Ⅰ 次の問いに答えましょう。

1. （　　）内の動詞を適切なかたちに活用しましょう。

1) Les enfants (grandir :　　　　　　　　　) vite.

2) Elle (réussir :　　　　　　　　) au concours.

3) Nous (dormir :　　　　　　　　　) 8 heures par jour.

4) Tu (sortir :　　　　　　　　) ce soir ?

2. 指示に従って三つのかたちの命令形を作りましょう。

1) finir（肯定）　　　　　　　　　　2) regarder（否定）

-------------------------------　　　-------------------------------

-------------------------------　　　-------------------------------

-------------------------------　　　-------------------------------

3. （　　）内に適切な疑問副詞を入れましょう。

1) (　　　　　　　　　) pleures-tu ? – Parce que maman n'est pas là.　＊pleurer 泣く

2) (　　　　　　　　) travaillez-vous ? – Je travaille à la banque.

3) (　　　　　　　　) d'années étudiez-vous le français ? – Trois ans.

Ⅱ 日本語文に合致するように【　　】内の語を並べかえましょう。（文頭に置くべき単語も小文字で表しています。）

1) 寝室には入らないでください。【la / entrez / n' / pas / dans / chambre】

----

2) お母さんの言うことを聞きなさい。【ta / obéis / mère / à】

----

3) 彼女はワンピースを選びます。【une / elle / robe / choisit】

Ⅲ 発音された文章を記号で答えましょう。その後文章を自分で発音してみましょう。

1)　　　　　　　　　　　　　　2)

a. Écoutez bien.　　　　　　　a. Ne sortez pas.

b. Écoute bien.　　　　　　　b. Ne chantez pas.

c. Écoutons bien.　　　　　　c. Ne sentez pas.

Ⅳ 隣の人に次の質問をしてみましょう。聞かれた人は、例にならって答えましょう。

1) Comment vous appelez-vous ?　　　　お名前は何ですか。

例 – Je m'appelle Sophie.　　　　　　ソフィです。

14

2) Où habitez-vous ?　　　　　　　　　　　　　どこに住んでいますか。
    例 – J'habite à Tokyo.　　　　　　　　　　　東京に住んでいます。
3) Quand partez-vous en France ?　　　　　　　いつフランスに行きますか。
    例 – Je pars en France en été. / Je ne sais pas.　夏に行きます。／分かりません。

☞巻末 Vocabulaire：5. 四季

フランスのトラム

　　かつて日本でも至る所に走っていたものの、自動車の邪魔になるということで次々に廃止されたトラム（路面電車）ですが、近年はまたエコロジーの理由などから見直されつつあります。フランスでは日本以上に復活が進んでいます。地下鉄よりも建設費や運営費が安く、専用レーンを走り、5両前後の長編成なのでバスよりも多くの人を運べ、低床で歩道からほとんど段差なしで乗降できるのが魅力です。乗降扉の数が多いので各自が切符やパスを扉付近やホームに備え付けてある機械に通します。時おり検札係が大勢乗り込んできて、違反者には高額の罰金を求めます。

　　現在パリの周囲と郊外には10以上の路線があり、さらに新線が計画されている他、リヨン、ボルドー、マルセイユ、ストラスブールなど、地方の大都市や中都市にも営業路線や計画路線があります。ゴムタイヤ式や鉄道直通型も含めるとフランス全国で900km以上の営業路線があります。日本の路面電車の総延長250kmほどに比べて相当発達していることが分かるでしょう。

問いかけ

　　このカラフルなトラムの走っている都市の人口、産業、歴史などについて

調べてみましょう。メーヌ・エ・ロワール県の県庁所在地です。

15

Leçon 4

faire／prendre／否定文における冠詞の変化／人称代名詞の強勢形／指示形容詞

⊕28 **I 不規則動詞 faire と prendre**

◆ **faire** [fɛʀ] の直説法現在活用　　＊ faire は英語の do にあたる。

je fais	[ʒə fɛ]	＊ s は発音しない	nous faisons	[nu fəzõ]	＊ s は発音しない
tu fais	[ty fɛ]	＊ s は発音しない	vous faites	[vu fɛt]	＊ es は発音しない
il fait	[il fɛ]	＊ t は発音しない	ils font	[il fõ]	＊ t は発音しない
elle fait	[ɛl fɛ]	＊ t は発音しない	elles font	[ɛl fõ]	＊ t は発音しない

Je fais des courses. 私は買い物をする。　　Ils font du judo. 彼らは柔道をする。

☞ 巻末 Vocabulaire : 11. スポーツ

◆ **prendre** [pʀɑ̃dʀ] の直説法現在活用　　＊ prendre は英語の take にあたる。

je prends	[ʒə pʀɑ̃]	＊ ds は発音しない	nous prenons	[nu pʀənõ]	＊ s は発音しない
tu prends	[ty pʀɑ̃]	＊ ds は発音しない	vous prenez	[vu pʀəne]	＊ z は発音しない
il prend	[il pʀɑ̃]	＊ d は発音しない	ils prennent	[il pʀɛn]	＊ ent は発音しない
elle prend	[ɛl pʀɑ̃]	＊ d は発音しない	elles prennent	[ɛl pʀɛn]	＊ ent は発音しない

Je prends un taxi. 私はタクシーに乗る。　　Il prend une bière. 彼はビールを飲む（注文する）。

同型活用の動詞の例

apprendre 学ぶ　　　comprendre 理解する

確認1　1)　「スポーツをする」(faire du sport) を各人称に活用してみましょう。
　　　　　2)　apprendre, comprendre のどちらか一つを選び、各人称に活用してみましょう。

⊕29 **II 否定文における冠詞の変化**

● 否定文では、直接目的補語につく不定冠詞 (un, une, des) および部分冠詞 (du, de la, de l') は de (d') に変わる。定冠詞 (le, la, les) は変わらない。属詞 (SVC の C ＝補語) につく冠詞も変わらない。

J'ai un chien. 私は犬を飼っている。　　Je n'ai pas de chien. 私は犬を飼っていない。
J'aime les chiens. 私は犬が好きだ。　　Je n'aime pas les chiens. 私は犬が好きではない。
C'est un chien. これは犬だ。　　Ce n'est pas un chien. これは犬ではない。

確認2　(　　) 内の語のうち適切なものを一つ選びましょう。

1)　Tu fais le ménage ?　– Non, je ne fais pas (un / le / de) ménage.　　＊ ménage (m.) 掃除
2)　Vous faites du sport ?　– Non, je ne fais pas (un / le / de) sport.
3)　Vous aimez le vin ?　– Non, je n'aime pas (un / le / de) vin.
4)　C'est un chat ?　– Non, ce n'est pas (un / le / de) chat.

16

III　人称代名詞の強勢形

主語	je	tu	il	elle	nous	vous	ils	elles
強勢形	moi	toi	lui	elle	nous	vous	eux	elles

1) 主語の強調　　　　Moi, j'habite à Tokyo. Et toi ?　私は東京に住んでいます。あなたは？
2) C'est の後　　　　Allô, c'est moi.　　　　　　　　もしもし、私です。
3) 前置詞の後　　　　Tu prends le train avec eux ?　彼らと一緒に電車に乗るの？
4) 比較級の que の後　☞ Leçon 7

確認3　（　　）内に適切な語を入れましょう。

1) C'est un cadeau pour (　　　　　　　　　　　　　). これはあなたへのプレゼントです。
2) C'est à (　　　　　　) ? これは君の？ – Non, c'est à (　　　　　　). いいえ、彼のです。

＊ être à～　～のものである

IV　指示形容詞

	単数	複数
男性	ce [sə]　(cet [sɛt])	ces [se]
女性	cette [sɛt]	

● これらの語は名詞の性・数によって使い分ける。各語に「この」「あの」「その」という区別はない。その区別は文脈で判断される。とくに「この」「あの」の区別をしたいときは、名詞の後に -ci, -là をつける。

例　ces chaussures-ci これらの靴　　　　ces chaussures-là あれらの靴

● 母音または無音の h で始まる男性名詞には cet を用いる。　例　cet homme この男性

確認4　（　　）内の語のうち適切なものを一つ選びましょう。

あの帽子　(ce / cet / cette / ces) chapeau (*m.*)　　この家　(ce / cet / cette / ces) maison (*f.*)
その娘たち (ce / cet / cette / ces) filles　　　　　　あの鳥　(ce / cet / cette / ces) oiseau (*m.*)

🎤 **Prononciation** ㉜

・**au** [o]	chaussures [ʃosyʀ]	auto [oto]
・**eau** [o]	cadeau [kado]	chapeau [ʃapo]
・**o, ô** [o] [ɔ]	hôtel [otɛl]	moto [mɔto]

確認5　次の単語を発音してみましょう。

1) château　　　2) sauce　　　3) zoo

17

I 次の問いに答えましょう。

1. （　　）内の動詞を適切なかたちに活用しましょう。

   1) Pierre et Sophie (faire :   ) du tennis tous les dimanches.

   2) Tu (prendre :   ) du café le matin ?

   3) Pourquoi (apprendre :   )-vous le français ?

2. 否定文に書きかえましょう。

   1) Elle prend du vin.

   -

   2) Ce sont des livres.

   -

   3) J'aime le sport.

   -

3. 適切な指示形容詞もしくは強勢形人称代名詞を入れましょう。

   1) Vous prenez (   ) manteau-ci ? このコートになさいますか。

     -Non, je prends (   ) manteau-là. いいえ、あちらのにします。

   2) J'aime beaucoup (   ) lunettes. Et (   ) ?

     この眼鏡がとても気に入ったわ。あなたはどう？   ☞ 巻末 Vocabulaire：15. 身につけるもの

   3) Nous chantons (   ) chanson pour (   ).

     私たちは皆さんのためにこの歌を歌います。   ＊ chanson (*f.*) 歌

II 日本語文に合致するように【　　】内の語を並べかえましょう。（文頭に置くべき単語も小文字で表しています。）

   1) 私は今晩彼と一緒に出発します。【je / lui / soir / ce / avec / pars】

   -

   2) 彼らはこのカフェで朝食をとる。【dans / ils / petit / café / prennent / le / ce / déjeuner】

   -

   3) 彼女は週一回ジョギングをします。【fait / elle / du / une / jogging / fois / semaine / par】

   -

                  ☞ 巻末 Vocabulaire：22. 時に関する表現

III 音声を聞き、応答として適切な文章を記号で答えましょう。 🎧 ㉝

   1)

     a. Non, je ne prends pas de thé.   b. Non, je ne prends pas le café.

   2)

     a. Oui, je fais du judo avec vous.   b. Non, je ne fais pas de judo avec lui.

   3)

     a. Non, elle est à vous.   b. Oui, elle est à moi.

IV 次の質問に口頭で答えてください。

1) Vous prenez souvent le taxi ?

2) Vous faites de l'équitation ?　　　＊ équitation (*f.*) 乗馬

3) Vous aimez la bière ?

4) Vous avez des diamants ?　　　＊ diamant (*m.*) ダイヤモンド

クロード・ドビュッシー（1862-1918）

おそらくフランスの最も偉大な作曲家でしょう。

音楽的な才能に早期から目覚め、パリ国立音楽院において充実した学業を修めた後、常に革新的なスタイルを探求し続けます。

彼は、「牧神の午後への前奏曲」（1894）で最初の成功を収めました。新しく類を見ない管弦楽曲は、批評家より聴衆を大いに魅了しました。「海（1905）」などのような管弦楽曲の他にも、「月光」（1890）など沢山のピアノ曲を生み出しています。これらのピアノ曲では、ノスタルジックで印象派的な曲（例「雨の庭」1903）、神秘的かつ象徴的な曲（例「塔」1903）、ライトミュージックの曲（例「レントより遅く」1910）、さらには、ジャズの出現を予言するような曲（例「ゴリウォーグのケークウォーク」1909）など数多くの作品を残しています。

彼は、ケルト、スペイン、ロシアやインドネシアの音楽に影響を受けましたが、フランスの作曲家のなかでは、一番フランス的な作曲家と見なされ、のちに「Claude de France、フランスのクロード」という呼び名がつけられています。没後100年を経ても、ドビュッシーは常に比類なき、現代的かつ革命的な作曲家であり続けています。

問いかけ

ドビュッシーの曲を聴いたことがありますか？（CMやBGMなどでも）

クラッシックだけでなく、フランスの音楽について調べてみましょう。

形容詞の位置と性・数／所有形容詞

㉞ **I 形容詞の位置、形容詞と名詞の性数一致**

●形容詞が名詞を修飾するとき、原則として形容詞は名詞の後ろに置かれる。ただし次のような日常的によく使われる短い形容詞は名詞の前に置かれる。

➡ petit（小さい）、grand（大きい）、joli（きれいな）、bon（良い）、mauvais（悪い）、jeune（若い）、gros（太った）、beau（美しい）、nouveau（新しい）、vieux（古い）

　un jardin magnifique　素晴らしい庭　　　　un grand jardin　大きな庭
　　　名詞　　　形容詞　　　　　　　　　　　　形容詞　名詞

●形容詞の性・数は、それが修飾する名詞の性・数と一致する。つまり男性名詞には男性形の形容詞、女性名詞には女性形の形容詞がつく。

●原則として、男性形にeをつけて形容詞の女性形をつくる。

●原則として、形容詞の男性形、女性形とも、sをつけて複数形をつくる。

　un garçon intelligent　頭の良い男の子　　　une fille intelligente　頭の良い女の子
　m.　m.　　　　m.　　　　　　　　　　　　f.　f.　　　　f.
　des garçons intelligents　頭の良い男の子たち　　des filles intelligentes　頭の良い女の子たち
　pl.　m.pl.　　　m.pl　　　　　　　　　　　pl.　f. pl.　　　f. pl.

＊冠詞も名詞の性・数と一致させる。　　　　　　　　　　　　　☞ 巻末 Grammaire：Leçon 5

確認1　表に適切な語を書き入れましょう。

男性単数	女性単数	男性複数	女性複数
petit			
grand			

㉟ **II 形容詞の女性形、複数形の不規則なかたち**　☞その他の不規則なかたちは巻末 Grammaire：Leçon 5

◆形容詞の女性形（不規則）

	男性形	女性形	注意点
若い	jeune [ʒœn]	jeune [ʒœn]	e で終わる形容詞の女性形は男性形と同形（重ねて e をつけない。）jeunee ×
最後の	dernier [dɛrnje]	dernière [dɛrnjɛr]	-er → -ère
幸せな	heureux [œrø]	heureuse [œrøz]	-eux → -euse
活発な	actif [aktif]	active [aktiv]	-f → -ve　　　　actife ×
良い	bon [bõ]	bonne [bɔn]	-on → -onne　　bone ×
昔の	ancien [ãsjɛ̃]	ancienne [ãsjɛn]	-en → -enne　　anciene ×
自然の	naturel [natyrɛl]	naturelle [natyrɛl]	-el → -elle　　naturele ×
太った	gros [gro]	grosse [gros]	語尾の子音字を重ねてからeをつける。grose ×
親切な	gentil [ʒãti]	gentille [ʒãtij]	同上　　　　gentile ×
美しい	beau [bo] bel [bɛl]	belle [bɛl]	bel は母音または無音の h で始まる男性名詞の前に置かれるときに使う。

◆形容詞の複数形（不規則）

	男性単数形	複数形	注意点
悪い	mauvais [movɛ]	mauvais [movɛ]	sで終わる形容詞の複数形は単数形と同形（重ねてsをつけない。）　mauvaiss ×
幸せな	heureux [œRØ]	heureux [œRØ]	xで終わる形容詞の複数形は単数形と同形（その後にsをつけない。）heureuxs ×
美しい	beau [bo]	beaux [bo]	-eau → -eaux
一般的な	général [ʒeneRal]	généraux [ʒeneRo]	-al → -aux

＊女性形の形容詞の複数形については、規則・不規則なものとも、sをつけて表す。

確認2　表に適切な語を書き入れましょう。

	男性単数	女性単数	男性複数	女性複数
金持ちの	riche			
低い	bas			
美しい	beau / bel			

III　所有形容詞　

	男性単数	女性単数	男性・女性複数
私の	mon　[mõ]	ma　[ma] (mon)	mes　[me]
君の	ton　[tõ]	ta　[ta] (ton)	tes　[te]
彼の、彼女の	son　[sõ]	sa　[sa] (son)	ses　[se]
私たちの	notre [nɔtR]		nos　[no]
あなたの、あなたたちの	votre [vɔtR]		vos　[vo]
彼らの、彼女らの	leur　[lœR]		leurs　[lœR]

● 所有形容詞は名詞の性・数に一致する。

私の帽子　mon chapeau　　　　私のスカート　ma jupe　　　　私の靴　mes chaussures
　　　m.　　*m.*　　　　　　　　　　　　　*f.*　　*f.*　　　　　　　　　*f. pl.*　　*f. pl.*

● 母音または無音のhで始まる女性名詞単数形の前では、ma, ta, saではなく、mon, ton, sonを用いる。

君の学校　ta école (*f.*) ×　　　ton école (*f.*) ○

確認3　（　　）内に適切な語を書き入れましょう。

彼の帽子 (　　　　　　　　　　) chapeau　　　私の学校　（　　　　　　　　　　　) école
彼らの靴 (　　　　　　　　　　) chaussures　　君のお母さん(　　　　　　　　　　) mère

🎤 Prononciation　

・形容詞の語末の本来発音されない子音字は、女性形になってeがつくと発音される。また、語末の子音字を重ね、eをつけて女性形をつくる形容詞も、その子音字が発音される。

grand　[gRɑ̃]　＊dは発音しない。　　　　　grande　[gRɑ̃d]　＊dは発音する。

gros　[gRo]　＊sは発音しない。　　　　　grosse　[gRos]　＊sは発音する。

確認4　次の単語を発音してみましょう。

1) blond　　blonde　　2) bas　　basse　　3) mauvais　　mauvaise

Exercices

Ⅰ 次の問いに答えましょう。

1. 形容詞を適切なかたちにして（　　）内に書き入れましょう。

    1) italien → la cuisine (　　　　　　　　　　　)　　＊cuisine 料理
    2) difficile → des questions (　　　　　　　　　　)　　＊question 質問
    3) joli → une (　　　　　　) fille　　＊fille 女の子
    4) sérieux → une femme (　　　　　　　　　)　　＊femme 女性

2. 全体を複数形に書きかえましょう。

    1) un chat noir　　　　　2) une fille française　　　　3) un sac jaune

    --------------------------------　--------------------------------　--------------------------------
    ＊色を表す形容詞は名詞の後に置かれる。　　　　　　☞ 巻末Vocabulaire : 13. 色を表す形容詞

3. 下線部を指示された語に変え、文を書きかえましょう。

    1) C'est un homme actif. (femme)

    ----

    2) Il est beau et gentil. (elles)

    ----

    3) Ma famille n'est pas riche. (M. et Mme Martin)

Ⅱ 日本語文に合致するように【　　】内の語を並べかえましょう。（文頭に置くべき単語も小文字で表しています。）

    1) 私の兄はたくさんのきれいなネクタイを持っています。☞巻末Vocabulaire : 18. 数量の表現 / 14. 家族
    【grand / belles / mon / cravates / beaucoup / a / de / frère】

    ----

    2) 彼女は青いスカートと黒い靴をはいている。
    【et / noires / elle / une / jupe / porte / bleue / chaussures / des】

    ----

    3) 彼の両親は感じの良い大きな家に住んでいます。
    【habitent / parents / ses / grande / une / dans / sympathique / maison】

🎧 ㊳ Ⅲ どちらの文章が発音されたのかを記号で答えましょう。

    1)
        a. 彼は背が高いです。　　　　b. 彼女は背が高いです。
    2)
        a. 彼らは幸せです。　　　　　b. 彼女らは幸せです。
    3)
        a. 私たちの姉は美しいです。　　b. あなたの姉は美しいです。

22

Ⅳ 例にならって自分の家族を紹介する文を口頭で三つ以上発表しましょう。

＊この課に出てきた形容詞を使いましょう。家族に関する語彙は巻末のVocabulaire「14.家族」
を参考にしてください。

例 Ma mère est gentille. Elle porte souvent un pantalon noir.

理想宮

　「理想宮」は、フランス南東部の県であるドロームのオートリーヴという小さなまち
にある大彫刻です。その建築様式は世界全体のさまざまな文化から着想を得ています
が、理想宮の建築は、フェルディナン・シュヴァルによって、19世紀末から20世紀初
頭に取り組まれたものです。徒歩や自転車で田舎を巡ったこの郵便配達夫は、自分が道
端に寄せ集めた石ころや小石を用いて、33年間かけて夢見ていた理想宮を建てたので
した。純粋で慎ましやかな人である「郵便配達夫シュヴァル」は、いかなる芸術教育も
受けることなく、自らの城を建てるにあたり、村々の住民たちに配達する、多くの国か
らの絵葉書のイメージから着想を得ました。文化相となった、フランスの作家アンド
レ・マルローは、「理想宮」を素朴派の重要な作品としてみなし、1969年に歴史的記
念物へと持ち上げました。

問いかけ

　一人の郵便配達夫はどんな思いでこの建築物を建て、「理想宮」と名づけた
のでしょう。調べてみましょう。

Leçon

5

23

動詞allerとvenir／近接未来と近接過去／定冠詞の縮約

🎧39 **I 動詞 aller（「行く」）と venir（「来る」）**

◆**aller** [ale] **の直説法現在活用**　　＊原形語尾はerだが、活用はer型の規則動詞と異なる。

je vais	[ʒə vɛ]	＊sは発音しない	nous allons	[nu zalõ]	＊sは発音しない
tu vas	[ty va]	＊sは発音しない	vous allez	[vu zale]	＊zは発音しない
il va	[il va]		ils vont	[il võ]	＊tは発音しない
elle va	[ɛl va]		elles vont	[ɛl võ]	＊tは発音しない

＊命令形は　Va！Allons！Allez！

◆**venir** [vəniʀ] **の直説法現在活用**　　＊原形語尾はirだが、活用はir型の規則動詞と異なる。

je viens	[ʒə vjɛ̃]	＊sは発音しない	nous venons	[nu vənõ]	＊sは発音しない
tu viens	[ty vjɛ̃]	＊sは発音しない	vous venez	[vu vəne]	＊zは発音しない
il vient	[il vjɛ̃]	＊tは発音しない	ils viennent	[il vjɛn]	＊entは発音しない
elle vient	[ɛl vjɛ̃]	＊tは発音しない	elles viennent	[ɛl vjɛn]	＊entは発音しない

> 同型活用の動詞の例

revenir 戻る　　　　　devenir なる　　　　　tenir つかんでいる

> 確認1　次の文章を音読し、日本語に訳しましょう。

1) Tu vas à Paris ?　　　　　　　　　2) Je viens de Tokyo.

🎧40 **II 近接未来と近接過去**

近接未来	allerの活用 ＋ 原形 Je vais finir mes devoirs. 私はこれから宿題を終えるところだ。
近接過去	venirの活用 ＋ de ＋ 原形 Je viens de finir mes devoirs. 私は宿題を終えたばかりだ。

＊allerの活用＋原形は「〜しに行く」の意味になることもある。

　Je vais dîner chez mes parents. 私は両親の家に夕食を食べに行きます。

＊venirの活用＋原形は「〜しに来る」。

> 確認2　日本語の文章の意味と合致するよう、（　　）内に適切な語を入れましょう。

1)　もうすぐ電車が出発します。Le train (　　　　　　) partir bientôt.
2)　今サンドイッチを食べたばかりです。Je (　　　　　) (　　　　　　　) manger un sandwich.

🎧41 **III 定冠詞の縮約**

à + le = au	◎前置詞àの後ろに定冠詞le, lesが続くと縮約形になる。
à + les = aux	
de + le = du	◎前置詞deの後ろに定冠詞le, lesが続くと縮約形になる。
de + les = des	

un gâteau à le chocolat → un gâteau au chocolat／la capitale de le Japon → la capitale du Japon

「〜に行く」 aller à 〜

● 都市

aller à Tokyo 東京に行く　　＊都市名には冠詞がつかない。

● 「〜」に名詞が入る場合：名詞には冠詞がつくため、「定冠詞の縮約」のルールにより、àとその
　　　　　　　　　　　　　　　定冠詞との縮約が起こることがある。

高校に行く　　aller à le lycée → aller au lycée
山に行く　　　aller à la montagne　＊縮約なし
大学に行く　　aller à la université → aller à l'université

　　　　　＊母音または無音のhで始まる語の前では定冠詞 le, la のエリジョン（☞ Leçon 0）が起こる。

● 「〜」に国名が入る場合

aller en 女性国名　　　　　aller au 男性国名　　　aller aux 複数国名

aller en France ＊冠詞なし　　aller à le Japon　　　aller à les États-Unis　　☞巻末 Vocabulaire：8. 国

● 人の家に行く　aller chez 人

マリーの家に行く　aller chez Marie　　　　君の家に行く　aller chez toi

「〜から来る」 venir de (d')

● 都市

Il vient de Tokyo. 彼は東京から来る。／彼は東京出身である。　　＊都市名には冠詞がつかない。

● 「〜」に名詞が入る場合：名詞には冠詞がつくため、「定冠詞の縮約」のルールにより、de とその
　　　　　　　　　　　　　　　冠詞との縮約が起こることがある。

高校から来る　venir de le lycée → venir du lycée
山から来る　　venir de la montagne　＊縮約なし
大学から来る　venir de la université → venir de l'université

　　　　　＊母音または無音のhで始まる語の前では定冠詞 le, la のエリジョン（☞ Leçon 0）が起こる。

● 「〜」に国名が入る場合

venir de 女性国名　　　　　venir du 男性国名　　　　venir des 複数国名

venir de France ＊冠詞なし　　venir de le Japon　　　　venir de les États-Unis

確認3　（　　）内に適切な語を入れましょう。一つの（　　）に一語とはかぎりません。

1) Je vais (　　　　　　) toilettes.　　　　　　　　　　　　les toilettes お手洗い
2) Tu viens (　　　　　　) gare ？　あなたは駅から来たの。　　la gare 駅
3) Les enfants rentrent (　　　　　　) école.　子供たちは学校から帰る。

🎤 **Prononciation**

・u	[y]	du [dy]	entendu [ɑ̃tɑ̃dy]
・de	[də]	語末のeは無音。子音＋eのeは軽い「ウ」。	
・aux	[o]	aux	généraux [ʒeneʁo]

確認4　次の単語を発音してみましょう。

1) nature　　2) me　　3) gare　　4) travaux

Ⅰ 次の問いに答えましょう。

1. 動詞を適切なかたちに活用して（　　）内に書き入れましょう。

1) Elles (venir :　　　　　　　　) d'arriver à l'aéroport.

2) Ma mère (aller :　　　　　　　) au supermarché avec mon père.

3) Il (revenir :　　　　　　　　) des États-Unis.

2. 日本語に訳しましょう。

1) Ma sœur vient de finir ses devoirs.

----

2) D'où venez-vous ? – Je viens du Canada.

----

3) Je ne vais pas étudier à la bibliothèque cet après-midi.

----

3. 指示に従って文章を書きかえましょう。

1) Nous prenons de la bière.【近接過去に】

----

2) Tu fais du tennis avec lui ?【近接未来に】

Ⅱ 日本語文に合致するように【　　】内の語を並べかえましょう。（文頭に置くべき単語も小文字で表しています。）

1) ジュリーは友達と映画を観る予定です。【Julie / voir / va / film / un / avec / amis / des】

----

2) 従弟は20歳になったばかりです。【vient / mon / ans / cousin / vingt / d'avoir】

----

3) 私たちは地下鉄に乗って大学に行きます。【à / nous / en / l'université / métro / allons】

☞ 巻末 Vocabulaire : 20. 移動の手段

🎧 ㊸ **Ⅲ** どちらの文章が発音されたのかを記号で答えましょう。

1)
    a. 彼女は日本出身です。   b. 彼女は日本に行きます。

2)
    a. 母と話したところです。   b. 母に話しに来ました。

3)
    a. 娘は眠ったばかりです。   b. 娘はもうすぐ眠ります。

Ⅳ 次の練習をしましょう。

1) 隣の人と出身地を聞き合ってください。

D'où venez-vous ? – Je viens de... Et vous ? – Je viens de...

2) 隣の人と授業後にどこへ行くのかを聞き合ってください。場所に関する語彙は巻末の Vocabulaire「21.場所」を参考にしてください。

Où allez-vous après le cours ? – Je vais à ... Et vous ? – Je vais à ...

フランス人の愛した日本

　1850年代の半ば、江戸時代の末期、幕府は鎖国政策をやめアメリカをはじめフランスやイギリスと通商条約を結びました。その流れで日本の工芸品が次々にヨーロッパに渡り、ジャポニスム（日本趣味）のブームを巻き起こします。1867年のパリ万国博覧会では、日

本のコーナーに数寄屋造りの茶屋が作られたり、美しい着物や浮世絵版画が展示されました。この頃生まれつつあった印象派の若き画家たちも北斎や広重の版画に感性をおおいに刺激されたのです。モネは自邸の庭の池に太鼓橋をかけ、藤棚を飾ったほどです（現在公開されていて人気のスポットです。①）。画商のビングは当時としては破格のカラー図版入りで月刊誌『芸術の日本』を創刊し、本格的に日本の美を紹介しました（②）。人と自然が大胆に表現され、しかも楽しげに共存している様子が彼らの心を引いたのでしょう（広重の《本朝名所　相州江の島岩屋の図》（1844-53年頃）とモネの《エトルタの海景画（マンヌポルト）》（1883）、左に小さく人が二人立っています。③-1と③-2）。

③-1

③-2

問いかけ

現在でもフランスでは、スポーツからアニメ、料理から文房具まで日本の文化が愛好されています。その具体例を調べてみましょう。

Leçon 7　比較級／最上級／疑問形容詞／動詞vouloir, pouvoir, devoir

⑭ I 形容詞・副詞の比較級

plus ＋ 形容詞／副詞 ＋ que	〜以上に〜である
aussi ＋ 形容詞／副詞 ＋ que	〜と同じくらい〜である
moins ＋ 形容詞／副詞 ＋ que	〜より〜ではない

◎形容詞は主語と性数一致する。副詞は無変化。

Pierre est plus grand que Jean.　　ピエールはジャンより大きい。
Sophie est aussi grande que lui.　　ソフィは彼と同じくらい大きい。

比較級のqueの後の人称代名詞は強勢形（☞ Leçon 4）

Sophie court moins vite que Paul.　　ソフィはポールより速く走らない。

副詞「早く」（不変）　　* courir 走る（☞ 巻末動詞変化表 n° 14）

確認1 （　）内に適切な語を入れましょう。

1) ソフィはピエールより小さい。
Sophie est (　　　)(　　　)(　　　) Pierre.
2) ソフィはジャンと同じくらい速く走る。
Sophie court (　　　)(　　　)(　　　) Jean.

⑮ II 形容詞・副詞の最上級

le (la, les) ＋ plus ＋ 形容詞 ＋ de	〜の中で最も〜である
le (la, les) ＋ moins ＋ 形容詞 ＋ de	◎形容詞は主語と性数一致する。

Elle est la plus grande de la classe.　　彼女はクラスで一番背が高い。

le plus ＋ 副詞 ＋ de	〜の中で最も〜に〜する
le moins ＋ 副詞 ＋ de	◎副詞は無変化。定冠詞は常にleを用いる。

Elle nage le plus vite de ses amis.　　彼女は友達の中で一番速く泳ぐ。

確認2 （　）内に適切な語を入れましょう。

1) 彼女はクラスで一番小さい。
Elle est (　　　)(　　　)(　　　)(　　　) la classe.
2) 彼女は友達の中で一番速く走る。
Elle court (　　　)(　　　)(　　　)(　　　) la classe.

●形容詞bonと副詞bienの優等比較級および最上級は特殊なかたちになる。

plus bon × → meilleur ○　　le plus bon × → le meilleur ○
plus bien × → mieux ○　　le plus bien × → le mieux ○

☞ 巻末Grammaire：Leçon 7

例 Elle chante mieux que moi.　　彼女は私よりも歌が上手だ。

28

III 疑問形容詞

男性単数	女性単数	男性複数	女性複数
quel [kɛl]	quelle [kɛl]	quels [kɛl]	quelles [kɛl]

● 「どんな」「何」を意味する。修飾する名詞の性・数と一致する。発音はすべて同じ。

Quelles cravates choisissez-vous ?　　どのネクタイを選びますか。　　＊ cravates (*f.pl.*) と性数一致

Quel est votre nom ?　　あなたの名前は何ですか。　　＊補語 nom (*m.*) と性数一致

Quelle jolie fille !　　何てかわいい娘でしょう！（感嘆文）　　＊ fille (*f.*) と性数一致

確認3　（　　）内に適切な疑問形容詞を入れましょう。

1)　(　　　　　　　　) âge avez-vous ?　あなたは何歳ですか。　　2) (　　　　　　　　) fleurs aimez-vous ?

IV 動詞 vouloir, pouvoir, devoir

◆ vouloir [vulwaʀ] の直説法現在活用

je veux	[ʒə vø]	＊ x は発音しない	nous voulons	[nu vulõ]	＊ s は発音しない
tu veux	[ty vø]	＊ x は発音しない	vous voulez	[vu vule]	＊ z は発音しない
il veut	[il vø]	＊ t は発音しない	ils veulent	[il vœl]	＊ ent は発音しない
elle veut	[ɛl vø]	＊ t は発音しない	elles veulent	[ɛl vœl]	＊ ent は発音しない

vouloir ＋ 名詞　〜がほしい／ vouloir ＋ 原形　〜がしたい　　Je veux chanter. 私は歌いたい。

◆ pouvoir [puvwaʀ] の直説法現在活用

☞巻末 Grammaire：Leçon 7　pouvoir と savoir

je peux	[ʒə pø]	＊ x は発音しない	nous pouvons	[nu puvõ]	＊ s は発音しない
tu peux	[ty pø]	＊ x は発音しない	vous pouvez	[vu puve]	＊ z は発音しない
il peut	[il pø]	＊ t は発音しない	ils peuvent	[il pœv]	＊ ent は発音しない
elle peut	[ɛl pø]	＊ t は発音しない	elles peuvent	[ɛl pœv]	＊ ent は発音しない

pouvoir ＋ 原形　〜できる／してもよい　　Je peux chanter. 私は歌うことができる。

◆ devoir [dəvwaʀ] の直説法現在活用

je dois	[ʒə dwa]	＊ s は発音しない	nous devons	[nu dəvõ]	＊ s は発音しない
tu dois	[ty dwa]	＊ s は発音しない	vous devez	[vu dəve]	＊ z は発音しない
il doit	[il dwa]	＊ t は発音しない	ils doivent	[il dwav]	＊ ent は発音しない
elle doit	[ɛl dwa]	＊ t は発音しない	elles doivent	[ɛl dwav]	＊ ent は発音しない

devoir ＋ 原形　〜しなければならない／に違いない　　Je dois chanter. 私は歌わなければならない。

確認4　日本語に訳しましょう。

1) Je peux fumer ?　　　2) Tu dois finir tes devoirs.

Prononciation

・**qu** [k]	que [kə]	quel
・**oi** [wa]	je dois	il doit
・**ill** [ij]「イユ」	fille [fij]	ただし　mille [mil]

確認5　次の単語を発音してみましょう。

1) qui　　　2) quand　　　3) pourquoi　　　4) famille　　　5) myrtille

Exercices

I 次の問いに答えましょう。

1. 動詞を適切なかたちに活用して（　）内に書き入れましょう。

1) Tu (vouloir :　　　　　　) du thé ? – Oui, je (vouloir :　　　　　　) bien.
2) Nous (devoir :　　　　　　) faire des courses cet après-midi.
3) Vous (pouvoir :　　　　　　) venir nous voir demain ?

2. 日本語に訳しましょう。

1) Quelles langues apprenez-vous ?

　　--

2) Je ne peux pas sortir aujourd'hui parce que je dois travailler.

　　--

3) Cette montre est la plus chère de ce magasin.

　　--

3. 例にならって比較級の文を作りましょう。

例 Sophie > Sylvie（intelligent）　Sophie est plus intelligente que Sylvie.

1) ma grand-mère < mon grand-père (jeune)　---------------------------
2) ce vin-ci > ce vin-là (bon)　---------------------------
3) Sophie = Léna (actif)　---------------------------

II 日本語文に合致するように【　】内の語を並べかえましょう。（文頭に置くべき単語も小文字で表しています。）

1) あなたはフランスでどの町を訪れたいですか。
【voulez-vous / en / ville / visiter / France / quelle】

　--

2) 彼女はあの女優よりも美しい。【actrice / est / elle / que / belle / cette / plus】

　--

3) マリーはクラスで一番ダンスが上手だ。【le / classe / Marie / danse / de / mieux / la】

　--

III 音声を聞き、応答として適切な文章を記号で答えましょう。

1)
　a. C'est Pierre.　b. C'est Éric.　　c. C'est Jean.
2)
　a. C'est Léna.　b. C'est Catherine.　c. C'est Françoise.
3)
　a. D'accord.　　b. Non, je ne peux pas ouvrir la porte.　　c. Oui, je dois ouvrir la porte.

Ⅳ 隣の人に次の質問をしてみましょう。

回答例

1) Quel est votre nom ?   – C'est Sophie.
2) Quelle est votre nationalité ? – Je suis française. ☞ 巻末 Vocabulaire：9. 国籍等を表す形容詞
3) Quels sports faites-vous ?   – Je fais du tennis.   ☞ 巻末 Vocabulaire：11. スポーツ
4) Quelle couleur aimez-vous ? – J'aime le bleu.   ☞ 巻末 Vocabulaire：13. 色を表す形容詞
5) Quel jour sommes-nous ?   – Nous sommes mardi.   ☞ 巻末 Vocabulaire：4. 曜日

Leçon

7

映画の発明

　映画を発明したのは誰でしょう。連続写真を高速で提示して動画となすこと自体は1894年にアメリカのエジソン社によって最初に実現されましたが、それは箱の内部の映像を覗き穴から個人で鑑賞する方式でした。スクリーンに投影して多人数で鑑賞する方式は、翌1895年、フランスのリュミエール兄弟の発明です。まだ彼らには編集やカメラワークといった発想がなく、50秒ほどの固定されたワンショットが一作品となっています。当

『水をかけられた散水夫』（1895年）

時は、写真が動くこと自体が驚異だったのです。ただし、そこには、乗り物の運動をダイナミックに表現した縦の構図、フレームと時間の制約を踏まえた喜劇的演出、幼児のしぐさや風に揺れる繁みの偶然的運動など、その後の映画につながる要素が認められます。「映画」や「映画館」を意味する「cinéma」という単語は、その撮影機兼映写機の商標「シネマトグラフ cinématographe」を短縮したものです。

　京都の実業家・稲畑勝太郎がリヨンの工業学校に留学したときオーギュストと同級だった縁から、リュミエール社の映画は早くも1897（明治30）年に日本で上映されました。その際、来日した二人の上映技師は、京都、名古屋、東京、歌舞伎、芸妓やアイヌの踊りなども撮影しています。

問いかけ

フランス映画を観たことがありますか？

まずは YouTube にアップされているリュミエール兄弟の超短編映画を鑑

賞してみましょう。

非人称構文／補語人称代名詞

⑤ **I** **非人称構文**

人称代名詞のilを形式上の主語に立てる構文を非人称構文と言う。ilを「彼は」と訳さない。主な用法は以下。　　　　　　　　　　　　　　　　　　　　　　☞ 巻末 Grammaire：Leçon 8

1. 天候　　　　　　　　　　　　　　　　　　　　　　☞ 巻末 Vocabulaire：7. 天気

Quel temps fait-il aujourd'hui ?　今日はどんな天気ですか。

Il fait beau.　　　　　　Il pleut.　　　　　Il fait chaud.

2. 時刻　　　　　　　　　　　　　　　　　　　　　　☞ 巻末 Vocabulaire：6. 時間

Quelle heure est-il ?（今）何時ですか。　　　Il est trois heures vingt.

3. Il faut　　　　　　　　　　　　　　＊ fautの原形 falloir には il の活用しか存在しない。

Il faut　〜が必要である

　　Il faut deux heures pour aller à l'aéroport.　空港に行くには2時間必要です。

Il faut + 原形　〜しなければならない

　　Il faut prendre le train de cinq heures.　　5時の電車に乗らなければなりません。

　　　　　　　　　　　　　　　　　　　　cf. Je dois prendre le train de cinq heures.

4. 意味上の主語が後に置かれる場合

Il est dangereux de nager ici.　　　　ここで泳ぐのは危険です。（Nager ici est dangereux.）

Il est arrivé beaucoup de personnes.　たくさんの人が到着しました。

　　　　　　　　　　　　　　　　　　（Beaucoup de personnes sont arrivées.）

確認1　（　）内に適切な語を入れましょう。一つの（　）に一語とは限りません。

1)　5時10分です。　（　　　　　　　　　　） cinq heures dix.

2)　母に電話をしなければなりません。（　　　　　　　　） téléphoner à ma mère.

⑤ **II** **補語人称代名詞（直接目的補語・間接目的補語）**

主語	je (j') 私は	tu	il	elle	nous	vous	ils	elles
直接目的補語	me (m') 私を	te (t')	le (l')	la (l')	nous	vous	les	les
間接目的補語	me (m') 私に	te (t')	lui	lui	nous	vous	leur	leur

＊ je, me, te, le, la は、後ろに母音または無音のhで始まる単語が続くとき、エリジョンにより、j', m', t', l' になる。

基本

I love Mary.	【英語】Mary を代名詞にしても語順は変わらない	⇒	I love her.
S V O			S V O
J'aime Marie.	【仏語】Marie を代名詞にすると語順が変わる	⇒	**Je l'aime.** (l' = la)
S V O			S O V

フランス語では原則として代名詞は動詞の前に置かれる

● 否定文の語順　Je n'aime pas Marie. → Je ne l'aime pas.

●直接目的補語、間接目的補語の意味

＊直接目的補語は「～を」にあたる語、間接目的補語は「～に」にあたる語、というのが便宜的な
　説明方法である。より正確な説明は以下。
　直接目的補語：動詞の後に前置詞を入れないで直接置かれる名詞に代わるもの
　間接目的補語：動詞の後に前置詞の **à** を入れて置かれる名詞に代わるもの

Je vois Marie. 私はマリーに会う。　　Je téléphone à Marie. 私はマリーに電話する。
　　　　　↑　　　　　　　　　　　　　　　　　　　　　↑
　　　　O（直）　　　　　　　　　　　　　　　　　O（間）

　(Je la vois. 私は彼女に会う。)　　　(Je lui téléphone. 私は彼女に電話する。)

確認2　下線部を代名詞にして文を書きかえましょう。

1)　Je vois mes parents. → Je (　　　　　　　　　　) vois.
2)　Je téléphone à mes parents. → Je (　　　　　　　　　　) téléphone.

◆直接目的補語と間接目的補語を同時に用いるとき

1. 間目	2. 直目	3. 間目	
me	le	lui	
te	la	leur	＋動詞
nous	les		＊語順は1－2、もしくは2－3の組み合わせのみ
vous			

Il donne ce cadeau à sa mère. 彼はこのプレゼントを母にあげる。 ➡ Il le lui donne.
Il ne donne pas ce cadeau à sa mère. ➡ Il ne le lui donne pas.　　　　☞ 巻末Grammaire : Leçon 8
●否定命令文も同じ原則に従う。　Ne le lui donne pas.

◆肯定命令文で直接目的補語と間接目的補語を同時に用いるとき

動詞	－	le / la / les	－	moi / toi / nous / vous / lui / leur	＊me は moi, te は toi になる

●直接目的補語、間接目的補語のいずれか一方を用いるときも動詞の後。
●動詞と補語人称代名詞は trait d'union (-) でつなぐ。　例 Donne-le-lui.

確認3　下線部を代名詞にして文を書きかえましょう。

1)　Elle envoie cette lettre à son ami. → Elle (　　　　　　) (　　　　　　　　) envoie.
2)　Prends ce médicament. → Prends-(　　　　　　).

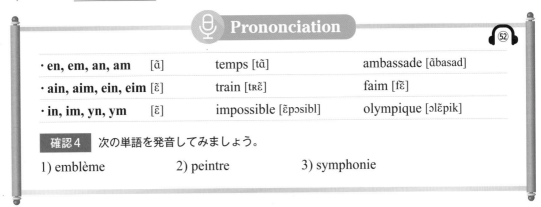

🎤 **Prononciation**

🎧 ㊾

· **en, em, an, am**	[ã]	temps [tã]	ambassade [ãbasad]
· **ain, aim, ein, eim**	[ɛ̃]	train [tʀɛ̃]	faim [fɛ̃]
· **in, im, yn, ym**	[ɛ̃]	impossible [ɛ̃pɔsibl]	olympique [ɔlɛ̃pik]

確認4　次の単語を発音してみましょう。

1) emblème　　　　　2) peintre　　　　　3) symphonie

I 次の問いに答えましょう。

1. （　　）内に適切な語を入れましょう。

1) Vous connaissez Anne ? – Oui, je (　　　　　) connais.　☞ connaître : 巻末動詞変化表 n°25

2) Tu prêtes ce livre à ton ami ? – Non, je ne (　　　　　) (　　　　　　　) prête pas.

3) Tu me recommandes ce film ? – Oui, je (　　　　　) (　　　　　　　) recommande.

2. 下線部を代名詞にして文章を書きかえましょう。

1) Rendez-moi mon parapluie.

   ----

2) Ne montrez pas cette photo à vos amis.

   ----

3) Cet élève me pose une question difficile.

   ----

3. 日本語に訳しましょう。

1) Il faut aller à la gare le plus vite possible.

   ----

2) En hiver, il pleut beaucoup et il fait froid dans cette région.

   ----

3) Où sont mes lunettes ? Je ne les trouve plus.

II 日本語文に合致するように【　　】内の語を並べかえましょう。（文頭に置くべき単語も小文字で表しています。）

1) あなたは彼らのことを知りません。【ne / vous / les / pas / connaissez】

   ----

2) 外国語を学ぶのは難しいです。【d'apprendre / est / une / difficile / langue / il / étrangère】

III 次の手順で時間の聞き取りの練習をしましょう。

1) 「1時」から「12時」まで、フランス語で発音してみましょう。

   → Il est une heure. Il est deux heures. Il est trois heures...

2) 10, 20, 30, 40, 50, 60をフランス語で発音する練習をしましょう。

   ☞ 巻末 Vocabulaire : 1. 数字

3) 発音された時間を聞き取り、日本語で答えましょう。

   a. -------------　b. -------------　c. -------------　d. -------------　e. -------------

IV 次の質問文に口頭で答えましょう。天候を表す表現は巻末の Vocabulaire「7. 天気」を参考にしてください。

1) Quel temps fait-il à Tokyo en automne ?
2) Quel temps fait-il à Okinawa en été ?
3) Quel temps fait-il à New York en hiver ?
4) Quel temps fait-il dans votre ville natale au printemps ?

日本のアニメに影響したフランス・アニメ

　日本のアニメの発展に大きな影響を与えた古いフランスの長編アニメ映画があります。ポール・グリモー監督の『やぶにらみの暴君』（1952年）です。架空の小国タキカルディで、王の肖像画から抜け出した偽物が本物になりかわり、同様に絵画から抜け出した恋人たち（王はその一人に恋しています）を追いかけまわしたあげく、彼らを捕らえるために巨大ロボットを発動させます。大人向けの風刺やユーモア、城の垂直的空間構造を活かした展開やショット、実写映画的なカメラワークや編集……。こうした特色は、世界を席巻していたディズニー・アニメに対するアンチテーゼでした。高畑勲や宮崎駿は、若いころ出会ったこの映画から決定的影響を受けたことをたびたび語っています。『ルパン三世　カリオストロの城』（宮崎、1979年）でヒロインが幽閉される塔は、タキカルディ王の秘密のアパルトマンがある塔とそっくりです！

　『やぶにらみの暴君』は、じつは未完成なまま強引に公開されてしまった不幸な作品でした。怒ったグリモーはプロデューサーを訴え、勝訴すると、上映やソフト化を禁止し、1980年に改作『王と鳥』を公開しました。

問いかけ

フランス製アニメを観たことがありますか？

『王と鳥』は「三鷹の森ジブリ美術館」のHPに一部がアップされており、
DVDも発売されていますので、鑑賞してみましょう。

Leçon 9 — 中性代名詞／疑問代名詞 ①

54 I 中性代名詞

●中性代名詞には、次の3つがある。肯定命令文以外は動詞の前におく。

1. y

●à ＋ものなどに代わる。

Est-ce que tu réponds à son appel ? – Oui, j'y réponds.
君、彼からの呼びかけに答えるの？　　　－うん、答えるよ。

cf. Est-ce que tu réponds à Marie ? – Oui, je lui réponds.
　　君はマリーに返事をするの？　　　　－うん、するよ。

●場所を示す前置詞句（à, dans, en, chez … ＋名詞）に代わる。

Vous allez en France ? – Non, je n'y vais pas.

2. en

●de ＋ものなどに代わる。

Vous avez besoin de ce dictionnaire ? – Qui, j'en ai besoin.

Il va y avoir l'examen de français la semaine prochaine. – Oui, nous venons d'en parler.
来週フランス語の試験があります。－はい、私たちはそれについて話したところです。

●不定冠詞、部分冠詞、数詞、数量の表現がついた直接目的補語の名詞に代わる。

Il a de l'humour ? – Non, il n'en a pas.

Est-ce que vous avez des sœurs ? – Oui, j'en ai deux.

Avez-vous beaucoup de bijoux ? – Oui, nous en avons beaucoup.

3. le

●文、節、原形動詞、属詞などに代わる。男性単数定冠詞や直接目的補語人称代名詞の le と同形のため、区別が必要である。

Tu sais qu'elle va changer de travail ? – Oui, je le sais.

Je peux venir avec vous ? – Oui, tu le peux.

Il est intelligent. – Tu l'es aussi.

＊ y と en を併用する場合、y は en の前に置かれる。また、補語人称代名詞とともに用いられるとき、y と en はその後ろに置かれる。

Combien de tomates y a-t-il dans le frigo ? – Il y en a cinq.

Est-ce que tu emmènes ton amie à Marseille ? – Oui, je l'y emmène. (l' = la = mon amie)

確認1　下の文について、下線部を中性代名詞に置きかえるとしたら、どれが適切か答えましょう。

1) Je vais à Paris.　　2) Mes parents sont sympathiques.　　3) Sophie fait de la natation.

	主語	直接目的補語・属詞
誰	**qui** + V... **qui** est-ce **qui** + V...	**qui** + V-S... **qui** est-ce **que** + S + V... S + V + **qui**
何	**qu'**est-ce **qui** + V...	**que** + V-S... **qu'**est-ce **que** + S + V... S + V + **quoi**...

＊ est-ce que の後ろは S + V の語順になる。

1.「誰が…？」、「何が…？」

Qui attend Marie ?　　誰がマリーを待っていますか。

Qui est-ce qui attend Marie ?　　　　Qu'est-ce qui amuse Marie ?

2.「誰を（に）…？」、「…は誰？」、「何を（に）…？」、「…は何？」

Qui attendez-vous ?　あなたは誰を待っていますか。

Qui est-ce que vous attendez ?　　　Vous attendez qui ?

Qui est-ce ?　　　　　　　　　　　C'est qui ?

Qu'attendez-vous ?　あなたは何を待っていますか。

Qu'est-ce que vous attendez ?　　　Vous attendez quoi ?

Qu'est-ce que c'est ?　　　　　　　C'est quoi ?

3. 前置詞＋疑問代名詞

●前置詞のあと、人であれば qui を、ものであれば quoi を用いる。

À qui est-ce que tu écris ?　君は誰に手紙を書くの？

De quoi parlez-vous ?

確認 2　Je vois l'arc-en-ciel. 下線部が答えとなるように、二通りの疑問代名詞を使ってそれぞれ疑問文を作りましょう。

🎙 Prononciation　🎧 ⑤⑥

・a, à, â	[a]	arriver [aʀive]	là	gâteau	
・c + a, u, o, 子音	[k]	camp [kɑ̃]	cuisine	colline	croire [kʀwaʀ]
・c + i, y, e	[s]	cidre [sidʀ]	cycle [sikl]	ceinture [sɛ̃tyʀ]	
・ç	[s]	français	leçon		
・g + a, u, o, 子音	[g]	garçon	Guadeloupe	frigo	groupe
・g + i, e	[ʒ]	gibier	gelée [ʒəle]		

確認 3　次の単語・表現を発音してみましょう。

1) guide　　　2) ça va　　　3) cela　　　4) clef　　　5) glace

Leçon

9

37

Exercices

I 次の問いに答えましょう。

1. 次の文の下線部を適切な中性代名詞にして全文を書きかえましょう。

1) Il renonce à dire la vérité à Jeanne.

----

2) Elle mange de la viande une fois par semaine.

----

3) Je pense qu'il a raison.

----

2. 下線部を適切な中性代名詞もしくは補語人称代名詞に変えて質問に答えましょう。

1) Elle vous parle souvent de ses problèmes ?
   – Oui, _____

2) Vous faites du jogging dans ce parc ?
   – Oui, _____

3. （　　）内に適切な疑問代名詞を入れましょう。

1) (　　　　　　　　　　　　) tu prends comme plat ?

2) À (　　　　　　　　　　) pensez-vous ? – Je pense à mon prochain voyage.

3) (　　　　　　　　) est-ce ? – C'est Mathias.

4) (　　　　　　　　) Sophie va voir cet après-midi ? – Elle va voir des amis.

II 日本語文に合致するように【　　】内の語を並べかえましょう。（文頭に置くべき単語も小文字で表しています。）

1) 来週誰とパーティーをするのですか。

【est-ce que / fête / faire / avec / allez / qui / semaine / la / une / vous / prochaine】

----

2) 今晩、君は誰に電話するんだい？【téléphones / ce / - / qui / soir / tu / à】

----

3) 彼女はリヨンから帰ったばかりだ。 – 私は明日行くよ。

【de / je / aller / vient / y / rentrer / vais / elle / demain / Lyon / de / , / moi】

🎧 ⑤⑦ **III** 音声を聞き、応答として適切な文章を記号で答えましょう。

1) a. Jérémy l'est aussi.
   b. Jérémy aime les chats aussi.
   c. J'aime les chats aussi.

2) a. Ah bon ? Il en fait collection ?
   b. Ah bon ? Il y collectionne ?
   c. Ah bon ? Il le connaît bien ?

3) a. Je préfère Paris à Marseille.
   b. Je le sais. Il y fait des recherches pendant un an.
   c. Ils y vont plusieurs fois.

38

IV 隣の人に次の質問をしてみましょう。質問された人は、例に従って答えましょう。

1) Qu'est-ce que vous aimez comme fruits ?　　　　　　　　☞ 巻末Vocabulaire：17. 果物
    – J'aime les fraises.

2) De quoi parlez-vous avec votre meilleur(e) ami(e) ?
    – Nous parlons de notre futur mari.

3) Qui est-ce qui fait la cuisine chez vous ?
    – C'est mon père.　　　　　　　　　　　　☞ 巻末Vocabulaire：14. 家族

4) Avec qui mangez-vous à midi ?
    – Avec une amie. (Je mange avec une amie.)

ストライキと市庁舎

　フランス語ではストライキのことをgrèveといいます。フランスでは人びとが、grève を行って自分たちの意思を示すことは決して珍しくありませんから、この言葉は今でもよく耳にします。ところで、辞書を引くと、この言葉には砂浜とか砂州といった意味もあります。どうして砂浜とストライキが結びついたのでしょう。

二つの意味を繋ぐのは、パリ右岸のひとつの広場です。セーヌに向かってなだらかに傾斜するこの場所は、11世紀までは単にグレーブと呼ばれていましたが、12世紀中葉に有力市民の団体が港を作ったことがきっかけとなり、パリの物流の拠点となります。さらに14世紀の中葉には、市民たちの集会場もここに移ってきました。パリ市庁舎の始まりです。ところで、この広場は、港での仕事を求めて労働者たちが集まる場所でもありました。仕事を探すという意味で使われていたFaire la grève という表現が、ストライキを行うことに転じたとされています。今では市庁舎前広場と名前をかえたこの広場には、長い歴史が折り重なっています。

問いかけ

市庁舎のフランス語を探してみましょう。
- -
馴染みのある地名の意味を考えてみましょう。たとえばシャンゼリゼの

シャンchamp の意味はなんでしょう。

Leçon 10 複合過去

🎧 ⑤⑧ **I** **複合過去**

●直説法複合過去は、動詞 être もしくは avoir の活用と各動詞の過去分詞を組み合わせてつくる。

1. 過去分詞

●第一群規則動詞（er動詞）および不規則動詞の aller

- er 型 → - é

parler → parlé   aimer → aimé   aller → allé

●第二群規則動詞（ir動詞）および ir 型の不規則動詞

- ir 型 → - i

finir → fini   choisir → choisi   partir → parti   sortir → sorti

●不規則動詞

avoir → eu	être → été	faire → fait	prendre → pris
venir → venu	vouloir → voulu	pouvoir → pu	voir → vu
devoir → dû	mettre → mis	attendre → attendu	etc.

確認1　danser, réussir, savoir, connaître の過去分詞を書きましょう。　　☞ 巻末動詞変化表も参照

2. être か avoir か

être： 往来発着・移動（aller, venir, partir, sortir, entrer, rentrer, revenir, arriver, rester, monter, descendre, tomber, etc.）、生死（naître, mourir）、生成（devenir）に関わる自動詞。代名動詞（☞ Leçons 13-14）。なお、過去分詞は主語に性数一致する。

avoir： すべての他動詞、および上記以外の自動詞

◆ aller と parler の直説法複合過去活用

aller					
je	suis	allé(e)	nous	sommes	allé(e)s
tu	es	allé(e)	vous	êtes	allé(e)(s)
il	est	allé	ils	sont	allés
elle	est	allée	elles	sont	allées

parler					
j'	ai	parlé	nous	avons	parlé
tu	as	parlé	vous	avez	parlé
il	a	parlé	ils	ont	parlé
elle	a	parlé	elles	ont	parlé

＊être を用いる場合、過去分詞は主語と性数一致する。

確認2　danser と revenir を直説法複合過去で各人称に活用してみましょう。

3. 用法

●過去の完結した行為を表す。

J'ai voyagé en France il y a deux ans.　　2年前、私はフランスに旅行した。
Elle est montée dans le train.　　彼女は列車に乗った。

● 過去の完了した行為の結果、現在まで影響していることを表す。

Ils sont partis au Japon.　　　彼らは日本に行った。

4. 複合過去の否定文と倒置疑問文

● 否定文

être や avoir を ne と pas ではさむ。

Je ne suis pas allé au cinéma.

Nous n'avons pas lu ce livre.

● 倒置疑問文

Avez-vous déjà vu le Mont-Blanc ?

N'êtes-vous jamais allés aux États-Unis ?

確認 3　Tu es partie en Allemagne. この文を否定文と倒置疑問文に書きかえましょう。

5. 直接目的補語との性数一致

● 文章の構造が S ＋ V ＋ O で、時制が avoir を用いた複合時制（☞ 巻末 Grammaire：複合時制）の場合、動詞より前に直接目的補語が置かれると、その直接目的補語と過去分詞の性・数が一致する。

＊ O が補語人称代名詞（☞ Leçon 8）であれば、動詞の前に置かれるため、その直接目的補語人称代名詞と過去分詞の性・数が一致する。

J'ai appelé ma sœur. → Je l'ai appelée. (l' = la = ma sœur)

J'ai appelé mes frères. → Je les ai appelés.

J'ai appelé mes sœurs. → Je les ai appelées.

Combien de tomates avez-vous achetées ?

Ce sont les tomates que j'ai achetées.（☞ 強調構文 Leçon 11）

＊ 中性代名詞との性数一致は起こらない

J'ai acheté des pommes. → J'en ai acheté.

確認 4　J'ai donné ces fleurs. 下線部を人称代名詞にして文章を書きかえましょう。

🎙 Prononciation

⑤⑨

・**h** [-]	無音：homme　　habiter
	有音：haut　　　héros　（＊発音するという意味ではありません。☞ Leçon 0）
・**s** [s / z]	sel　　solde
	oiseau　maison　　＊母音に囲まれた s は [z]
・**x** [ks / gz]	mixte　texte
	examen [ɛgzamɛ̃]　　exotique
・**ch** [ʃ / k]	chat　　chemin [ʃəmɛ̃]
	christianisme [kʀistjanism]

確認 5　次の単語を発音してみましょう。

1) saison　　　2) chuchoter　　　3) exprimer　　　4) heure

Exercices

Ⅰ 次の問いに答えましょう。

1. 動詞を複合過去に活用して（　　）内に書き入れましょう。

   1) Nous (habiter :   ) à Paris.

   2) Vous (ne pas venir :   ) chez elle.

   3) Est-ce que vous (voir :   ) sa sœur à l'école ?

   4) Elles (sortir :   ) de la salle.

   5) Il (devenir :   ) professeur.

2. 次の文を複合過去にしましょう。

   1) François la connaît.

   2) Claude prononce un discours.

   3) Il n'oublie pas son devoir.

   4) Descendez-vous du train à Chartres ?

Ⅱ 日本語文に合致するように【　　】内の語を並べかえましょう。（文頭に置くべき単語も小文字で表しています。）

   1) ファビエンヌは駅の前でエレーヌを待った。

   【devant / Hélène / attendu / gare / la / a / Fabienne 】

   2) 彼らは昨日、船で韓国へ行った。

   【ils / en / hier / sont / bateau / en / partis / Corée du Sud 】

   3) 君は昼食をもう食べたかい？ ‒ いや、まだだよ。

   【pas / déjeuner / tu / encore / pris / déjà / as / - / le / non 】

Ⅲ 音声を聞き、応答として適切な文章を記号で答えましょう。

   1) a. Tu as fait des courses au supermarché.

      b. J'ai étudié les maths.

      c. J'étudie les maths tous les jours.

2) a. Oui, elle est partie au Japon.

    b. Non, ils ne sont pas définitivement retournés au Japon.

    c. Oui, il est définitivement retourné au Japon.

Ⅳ 次の表現を参考にしながら（必ずしも踏襲しなくてもよい）、複合過去を用いて昨日の出来事を話してみましょう。

voir un film, regarder la télé, écouter de la musique, écrire des SMS à des amis, lire un livre, faire ses devoirs, aller dans un café など

市民権

　フランス人を特定の人種や民族として定義するのは難しい。現在のフランスやベルギーにあたる領域がガリアと呼ばれていた古代以降、ケルト人、ローマ人、ゲルマン人、アラブ人、ノルマン人らが次々に侵入し、多くの言語や文化が入り混じった。今日「フランス人」を定義づける要素のひとつに、市民権（シトワイエヌテ citoyenneté）がある。民族（ethnie）を越えた市民権という発想のみなもとは、古代ローマにさかのぼる。紀元1〜2世紀の歴史家タキトゥスの『年代記』を読むと、ローマの官職を異民族である「長髪のガリア」の指導者たちに与えるべきかという論争がなされていたことが分かる。元老院議員から賛成、反対の両論が出るなかで、皇帝クラウディウスが、自分の祖先もかつてローマに敵対したサビニ人の出身だ、異国人をわけへだてしたあげく滅んだギリシアとは違い、我々ローマは敵として戦った民族をも同胞市民として遇し、ともに発展するのだ、と演説している。なお、この演説が精巧な文字で刻まれた銅板の一部が、16世紀にリヨンのクロワ・ルース地区から出土した（写真）。ローマ時代、同地区の近くにあった「ガリア連合神殿」に掲げられていた銅板ではないかと言われている。

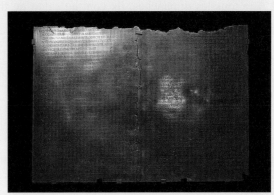

問いかけ

　『ガリア戦記』を書いた、古代ローマの政治家は誰でしょう。

　「市民権」という法的概念は、現代ではアメリカ合衆国やヨーロッパ連合にも見られます。民族を越えた市民権という考え方は、なぜ必要とされるのでしょうか？

Leçon 11 関係代名詞／強調構文／指示代名詞

⑥¹ I 関係代名詞

1. qui
●ひと、もの問わず、先行詞が関係詞節の主語になる場合

Michel prend le train qui part à 7 heures.　　　ミシェルは、7時に発車する列車に乗る。
　　　　　　 S'　　　 V'

2. que
●ひと、もの問わず、先行詞が関係詞節内の直接目的補語になる場合

Elle va acheter le livre que Catherine cherche.　　彼女はカトリーヌが探している本を買うつもりだ。
　　　　　　 O＝O'　　　　 S'　　　 V'

Michel aime bien la veste qu'elle lui a offerte.
　　　　　 O＝O'　　 S'　　　 V'

*上記構文では、関係詞節内にある複合過去の動詞の直接目的補語は先行詞であり、動詞の前に置かれているため、
　直接目的補語＝先行詞と過去分詞が性数一致する。(☞ Leçon 10)

3. dont
●関係詞節がde を介して先行詞（ひと、もの問わず）につながる場合

Tous les dimanches, ils vont au salon de thé dont les gâteaux sont vraiment délicieux.
　　　　　　　　　　　　　　　 毎週日曜日、彼らは、ケーキが本当に美味しいティー・サロンに行く。
考え方 → tous les dimanches, ils vont au salon de thé + les gâteaux de ce salon de thé sont
　　　　　 vraiment délicieux

4. où
●先行詞が場所、時を表す場合。où は疑問副詞（☞ Leçon 3）では場所を示すが、関係代名詞では、
場所も時も示すことに注意。

Jean-Paul visite le musée où l'exposition des Impressionnistes a lieu.
　　　　　　　　　　　　 ジャン＝ポールは印象派の展覧会が行われている美術館を訪れる。
Maryse a sauté de joie au moment où elle a eu le résultat du baccalauréat.
　　　　　　　　　　　 マリーズはバカロレアの結果を聞いたとき、小躍りして喜んだ。

確認1 　Je vois ta sœur. と Ta sœur sort du café. という２つの文を関係詞により１つの文で表記しましょう。

⑥² II 強調構文

1. 主語を強調する場合

`C'est + ... + qui + V + ...`

●C'est と qui の間に強調すべき主語をおく。

C'est Georges qui enseigne le français dans cette école.
この学校でフランス語を教えているのはジョルジュだ。

44

C'est toi qui dois résoudre ce problème.

＊人称代名詞を強調する場合は、強勢形（☞ Leçon 4）を用いる。

2. 主語以外のものを強調する場合

> C'est + ... + que + S + V + ...

● C'est と que の間に強調すべき語句をおく。

C'est cette maison qu'elles veulent louer.　彼女たちが借りたいと思っているのはこの家だ。

C'est cette maison qu'elles ont louée.

＊上記構文では、複合過去 ont achetée の直接目的補語が、強調する語句であり、動詞の前に置かれているため、直接目的補語＝強調する語句と過去分詞が性数一致する。（☞ Leçon 10）

C'est avec son épouse qu'il cuisine ce soir.

確認2　Je dois prêter <u>ma voiture</u> à mon frère. の下線部で示された箇所を強調するように強調構文で表現しましょう。

III 指示代名詞

● 既出の名詞に代わる。そのため下図の通り性数変化する。

	単数	複数
男性	celui	ceux
女性	celle	celles

1. 同じ名詞同士で区別が必要な場合

Voici deux chapeaux. Je préfère celui-ci à celui-là.

2. de + 名詞、関係代名詞節で限定する場合

Nous avons rencontré le père d'André et celui de Louis.
J'ai regardé, par la fenêtre, ceux qui ont traversé la rue.

＊既出の名詞がない場合は「～する人」の意味になる。

確認3　下線部を指示代名詞に改めましょう。
Je vais nettoyer les chaussures de Marguerite et <u>les chaussures</u> de Simone.

・ **th**	[t]	théâtre [teatʀ]	Thaïlande	théorie [teɔʀi]
・ **ph**	[f]	téléphone	phénomène	Philippines
・ **un, um**	[œ̃]	un	parfum	
・ **on, om**	[ɔ̃]	bon	ombre	

Prononciation

確認4　次の単語を発音してみましょう。

1) thérapie　　　2) pharmacie　　　3) lundi　　　4) concombre

Leçon

11

I 次の問いに答えましょう。

1. 次の文の（　　）に適切な関係代名詞を入れましょう。

1) Nous passons devant une épicerie (　　　　　) est ouverte après 23 heures.

2) N'oublie pas le parapluie (　　　　) tu as emprunté à Sylvie.

3) Je connais l'écrivain (　　　　) le roman s'appelle *Texaco*.

4) Elle va visiter la ville (　　　　) il est né.

2. 次の文の下線部1)から3)をそれぞれ強調する強調構文に変えましょう。

1) <u>Tu dois décider</u>　2) <u>la destination</u>　3) <u>quand nous voyageons</u>.

---

3. 次の文の（　　）に適切な指示代名詞を入れましょう。

1) Elle enseigne à ton université et à (　　　　) de Sylvie.

2) Garde les bagages de Michel et (　　　　) de Gilles.

3) J'hésite entre le vin de Bordeaux et (　　　　) de Bourgogne.

II 日本語文に合致するように【　　】内の語を並べかえましょう。（文頭に置くべき単語も小文字で表しています。）

1) マルティーヌは昨日見た夢について語った。

【Martine / hier / parlé / a / a / qu'elle / du / fait / rêve】

---

2) フランソワーズがレストランで夕食を食べたのは彼らとだ。

【dîné / restaurant / Françoise / c'est / a / eux / que / au / avec】

---

3) この駐車場に彼の車とジャックの車がある。

【ce / y / Jacques / de / voiture / a / sa / dans / il / celle / parking / et】

🎧 ⑥⑤ **III** 音声を聞き、応答として適切な文章を記号で答えましょう。

1) a. C'est un livre qu'elle a acheté pour l'anniversaire de son ami.

　　b. C'est pour son ami qu'elle a acheté des chaussures.

　　c. C'est aux Galeries Lafayette qu'elle a acheté le cadeau de son ami.

2) a. Il a acheté sa boisson et celle de Julie.

　　b. Il a acheté ses tablettes de chocolat préférées et celles de Julie.

　　c. Il est allé à son supermarché habituel et celui de Julie.

Ⅳ 例にならって強調構文を使い、相手が言ったことを訂正しましょう。

例 Tu es allé au concert hier ?

→ Non, c'est au cinéma que je suis allé hier.

1) Tu aimes le vin ?

→ ....

2) Tu fais du yoga ?

→ ....

3) Tu as un chien ?

→ ....

4) Tu vas en France cet été ?

→ ....

5) C'est pour lui que tu as fait ce gâteau ?

→ ....

カリブ海域のフランコフォニー
（フランス語圏地域）

　パリから飛行機で約9時間、そこにもまたフランスが存在します。それが中南米のカリブ海域にあるマルティニックとグアドループです。いずれもフランス共和国の海外県として、16世紀の植民地化以降、ほぼずっとフランスの領土として存在しています。この土地には、クレオール語と呼ばれるフランス語を基層とする言語があり、また現地の文化もクレオール文化という総称で呼ばれます。

マルティニック　ジョゼフィーヌ像
（2020年に破壊された）

マルティニック
シェルシェール図書館

　日本においてフランスを語る際に、このようなフランスの旧植民地についてはほとんど触れられることはありません。しかし、今もなおアメリカ大陸やアフリカ大陸の諸地域、インド洋や太平洋の島々など、世界各地にその痕跡が残っています。賛否両論もある概念「フランコフォニー」について、実際に世界にどのように分布しているのかを調べてみましょう。

問いかけ

　カリブ海域諸島は音楽的にも非常に豊饒な土地ですが、マルティニックやグアドループにも世界的に有名な音楽ジャンルが存在します。代表的なバンドとしては、Kassav'やMalavoiがいます。それは、以下のうちどれでしょうか？ また、それぞれの音楽ジャンルの歴史も調べてみましょう。

・ビギン／・カリプソ／・ズーク／・スカ／・レゲエ

Leçon 12　現在分詞／ジェロンディフ／受動態

⑥⑥ **Ⅰ　現在分詞**

●現在分詞は、直説法現在の一人称複数形を語幹として、語尾を -ant に変えてつくる。

　　例　marcher → nous marchons → marchant　　　　　finir → nous finissons → finissant

　　＊例外　　être → étant　　avoir → ayant　　savoir → sachant

1. 現在分詞の用法

●形容詞的に名詞・代名詞を修飾する（主語関係詞節 qui ＋ V ... の代わり）。ただし、性数一致は起こらない。

Je rencontre ma sœur faisant (= qui fait) des courses dans le magasin.
私はお店で買い物をする姉と出会った。

●分詞構文として、同時性、理由、対立、条件などを示す。独立分詞構文も存在する。

Sortant très tard, j'ai raté mon train.
とても遅く出たので、私は列車に乗り遅れた。

Sa sœur étant à Paris, il va y aller en vacances.
彼の妹がパリにいるので、彼はヴァカンスでそこに行くつもりだ。

●être の現在分詞 étant もしくは avoir の現在分詞 ayant と動詞の過去分詞を組み合わせて、複合時制をつくることができる（それにより時制を主部とずらせる）。

Ayant fait le devoir jusqu'à 2 heures du matin, il a très sommeil aujourd'hui.
夜中の2時まで宿題をしていたので、彼は今日とても眠い。

2. 否定形

●一般的な動詞の否定形と同様に、現在分詞を ne と pas ではさんでつくる。

　　例　n'étant pas　　　n'ayant pas fait

　確認1　faire と danser の現在分詞を書きましょう。

⑥⑦ **Ⅱ　ジェロンディフ**

●現在分詞の前に en を置いてつくる。

ジェロンディフの用法

現在分詞の分詞構文と同様に、同時性、理由、対立、条件などを示す。主節に対して副詞的役割を果たす。主語は主節の主語と同一である。

En participant à une réunion en ligne, elle écrit des mails.
オンライン会議に参加しながら、彼女はメールを書く。

J'ai rencontré mon père en faisant du jogging.
私はジョギングをしているときに父親に出会った。

cf. J'ai rencontré mon père faisant du jogging.　☞「Ⅰ. 現在分詞」

48

Tout en sachant la vérité, tu n'as rien dit.

本当のことを知っているのに、君は何も話してくれなかった。

＊ジェロンディフの前に tout をつけるとほとんどが対立の意味になる。

> 確認 2　danser avec lui をジェロンディフにしてみましょう。

III 受動態

1. 肯定文

●主語 + être + 過去分詞 + par もしくは de

過去分詞は主語の性・数に一致する。être を用いてつくる複合過去とかたちが同一なので、とくに動作主を明示しない場合は注意すること（原則として、受動態をつくることができる動詞は他動詞）。

12

par を用いる場合（一般的）

Ayant cassé le jouet de son petit frère, il est grondé par sa mère.

弟のおもちゃをこわしたので、彼は母親に怒られた。

Le bâtiment est détruit.

＊不定代名詞 on が主語になった文を受動態に変えた場合、« par on »のように動作主を示さない。

☞ 不定代名詞 on については、巻末 Grammaire : Leçon 1

cf. L'avion est parti en France.

de を用いる場合（動詞が感情などの状態を表すもの）

Elle est respectée de ses camarades.

La présidente est connue de tout le monde.

2. 否定文

être を ne と pas ではさむ。　Cette boulangerie n'est pas encore ouverte ce matin.

3. 複合過去の受動態

avoir + été + 過去分詞でつくる

➡ été は être の過去分詞であり、avoir été が être の複合過去を示す。été は性数一致をしない一方、受動態としての過去分詞の方は性数一致をすることに注意。

Cette peinture a été trouvée dans un grenier. / Cette peinture n'a pas été trouvée dans un grenier.

☞ その他の時制の受動態については、巻末 Grammaire : Leçon 12

> 確認 3　Elle invite sa meilleure amie au restaurant. この文を受動態に書きかえましょう。

🎙 Prononciation

· euil, euille	[œj]	deuil	feuille
· ail, aille	[aj]	paille	taille
· eil, eille	[ɛj]	soleil	surveille

> 確認 4　次の単語を発音してみましょう。

1) cueillir　　　　2) rail　　　　3) réveiller

49

Exercices

I 次の問いに答えましょう。

1. 次の文の下線部について現在分詞を用いることで全文を書きかえましょう。

   1) Nous prenons le train qui part à 13 heures.

   ------

   2) Comme il n'a pas du tout travaillé, cet étudiant ne va pas obtenir son unité de valeur.

   ------

   3) Quand sa femme regarde des photos sur Instagram, il regarde une vidéo sur YouTube.

   ------

2. 次の文の下線部についてジェロンディフを用いることで全文を書きかえましょう。

   1) Beaucoup de gens marchent sur le quai et ils regardent chacun son smartphone.

   ------

   2) Alors qu'il est venu au marché, René n'a rien acheté.

   ------

3. 次の能動態の文を受動態にしましょう。

   1) Paul envoie des lettres à Arthur.　　＊envoyer（☞ 巻末動詞変化表 n° 10）

   ------

   2) Les élèves adorent la professeure.

   ------

   3) Le professeur étant malade, on a annulé son séminaire.

II 日本語文に合致するように【　　】内の語を並べかえましょう。（文頭に置くべき単語も小文字で表しています。）

   1) 私の夫は歌いながら食器を洗う。【chantant / fait / mon / la / vaisselle / en / mari】

   ------

   2) 娘が切手を頼んできたので、彼らは郵便局へ明日行く。
   【ils / des / demain / ayant / poste / fille / demandé / la / vont / timbres / à / leur / aller】

   ------

   3) 国立図書館は2021年8月29日日曜日夜から2021年9月9日木曜日の朝まで閉館です。
   （☞ 巻末Vocabulaire：4. 曜日）　【au / jusqu'au / 2021 / 2021 / BnF / septembre / fermée / 9 / 29 / du / dimanche / est / la / août / jeudi / matin / soir / au】

Ⅲ 音声を聞き、応答として適切な文章を記号で答えましょう。

1) a. Paul porte le sac de sa femme.
   b. Elle a été fermée par Paul.
   c. C'est Paul qui ouvre la porte tous les jours.

2) a. Elle a rencontré son fils rentrant de l'école.
   b. Son fils a rencontré Marie rentrant du travail.
   c. Elle rencontre une amie en allant à la bibliothèque.

Ⅳ 例に従い、ジェロンディフを使いながら、子どもに対して「…しないで」と禁止をする
文章を考えましょう。

例 Ne parle pas en mangeant.

1) Ne fais pas tes devoirs ...
2) Ne marche pas ...
3) N'écoute pas les cours ...
4) Ne dors pas ...
5) Ne travaille pas à la bibliothèque...

スイス・ロマンド

　スイスのフランス語圏のことを「スイス・ロマンド」と呼びます。スイスの西端を占め、面積も人口もスイス全体の20パーセン少々です。フランス語が話されるようになったのは、別にフランスの植民地だったからではありません。この地域はフランス地域と同じようにローマ帝国に編入され、ラテン語圏になりました。そして帝国崩壊以降、隣接する旧帝国領と密接な交流を保ちながら、その口語ラテン語もまたのちにフランス語と呼ばれることになる言葉へ方言化していったのです。

　現在でも、スイス・ロマンドとフランスのあいだの人・モノ・情報の流れは非常に盛んです。書店に並んでいる本のほとんどはフランスの本です。たいてい国境の税関の近くにはスイス側とフランス側のバスやトラムの終点があり、降車客が仕事・買い物・娯楽などのために行き来しています。しかし、それでもフランス側との違いがあるのがおもしろいところです。法律、社会制度、通貨が異なります。スイス・ロマンドでは概してプロテスタントが優勢だったので、その歴史が街なみや住民のメンタリティに影響を残しています。国境を渡ってみれば、言語の境界と、国家・文化・宗教等の境界が単純に重なりあっていないことを実感できるでしょう。

ドイツ語
フランス語
イタリア語
ロマンシェ語

問いかけ

　スイスの主要都市を知っていますか？ 確認し、この言語地図に記入してみましょう。

Leçon

12

代名動詞（現在）

⑦ I 代名動詞の直説法現在

●代名動詞とは、主語と同じ人やものをさす再帰代名詞を伴って用いられる動詞である。動詞の前につく再帰代名詞も主語に合わせて変化する。

◆ se lever（起きる）と s'appeler（…という名前である）の直説法現在活用

se lever [sə ləve]

je	me	lève	[m(ə) lɛv]	nous	nous	levons	[nu ləvõ]
tu	te	lèves	[t(ə) lɛv]	vous	vous	levez	[vu ləve]
il	se	lève	[sə lɛv]	ils	se	lèvent	[sə lɛv]
elle	se	lève	[sə lɛv]	elles	se	lèvent	[sə lɛv]

s'appeler [saple]

je	m'appelle	[mapɛl]	nous	nous	appelons	[nuzaplõ]
tu	t'appelles	[tapɛl]	vous	vous	appelez	[vuzaple]
il	s'appelle	[sapɛl]	ils	s'appellent	[sapɛl]
elle	s'appelle	[sapɛl]	elles	s'appellent	[sapɛl]

＊原形が se -er の場合、活用語尾は er 動詞の活用語尾と同一

cf. 原形を要求する動詞と一緒に代名動詞を用いる場合については ☞ 巻末 Grammaire：Leçon 13

代名動詞の例

se réveiller　　s'amuser　　　se coucher　　se reposer　　se dépêcher　　se laver　　　se promener

s'intéresser　　s'apercevoir　　se rappeler　　se souvenir　　s'habiller　　　se moquer　　se plaindre

se brosser　　　s'inquiéter

確認1　上の代名動詞の中から2つ動詞を選び、各人称に活用してみましょう。

⑦ II 代名動詞の否定形と疑問形

1. 否定文

否定文の作り方：ne ＋再帰代名詞＋動詞＋ pas

je me lève.　→　je ne me lève pas.

確認2　se lever と s'amuser の否定文の活用をしてみましょう。

2. 疑問文

1）イントネーションを上げる	Vous vous levez ?
2）文頭に Est-ce que をつける	Est-ce que vous vous levez ?
3）主語と動詞を倒置する	Vous levez-vous ? 再帰代名詞　 V － S

確認3　« Vous vous couchez. » の疑問文を三通り作りましょう。

III 代名動詞の命令形

| 1) 肯定命令 | Lève-toi. | Levons-nous. | Levez-vous. |
| 2) 否定命令 | Ne te lève pas. | Ne nous levons pas. | Ne vous levez pas. |

＊肯定命令では、再帰代名詞を動詞のあとにおき、「-」でつなげる。te は toi に変える。
＊er動詞、aller では、tu に対する命令形で語尾の s を取る。☞ Leçon 3

確認4 se coucher の命令文を肯定、否定それぞれ三通り作りましょう。

IV 代名動詞の用法

1) 再帰的用法（自分を／に～する）

Je m'appelle Agnès.	私はアニエスと言います。
Paul se lave.	ポールは体を洗います。
Elle se lave les mains.	彼女は手を洗います。

2) 相互的用法（お互いに～する）：主語は複数

| Nous nous téléphonons tous les soirs. | 私たちは毎晩電話をかけ合う。 |
| On s'aime. | 私たちは愛し合っている。（on = nous） |

3) 受動的用法（～される）：主語はもの・こと

| Ce DVD se vend bien. | この DVD はよく売れる。 |
| Ça se voit. | それは（見れば）わかる。 |

4) 本質的用法（代名動詞を使った熟語）

| Il se souvient de son enfance. | 彼は子どものころのことを覚えている。 |
| Elles se moquent de Paul. | 彼女たちはポールをばかにする。 |

確認5 次の文を日本語に訳し、上の1)～4) のうちのどの用法か答えましょう。

1) Tu te réveilles très tôt.

2) Ce médicament se commande sur Internet.

cf. 中性代名詞を用いるときは、中性代名詞を動詞の直前に置く。

例 Vous vous intéressez au théâtre ?　– Oui, je m'y intéresse.
　　　　　　　　　　　　　　　　　　 – Non, je ne m'y intéresse pas.

Prononciation

· **gn** [ɲ]	ignorer	magnifique	
· **r** [r]	retard	se reposer	
· **ss** [s]	chausson	s'intéresser	
· **b** [b/p]	boire	s'habiller [sabije]	observer [ɔpsɛrve]

確認6 次の単語・語句を発音してみましょう。

1) campagne　　　2) je me rappelle　　　3) assiette　　　4) absolument

Leçon

13

Exercices

Ⅰ 次の問いに答えましょう。

1. （　　）内の動詞を直説法現在形に活用させましょう。

1) Elles (s'intéresser :　　　　　　　　　　) à la musique.

2) Je (se lever :　　　　　　　　) à 7 heures.

3) Vous (se mettre :　　　　　　　　) à l'abri.　　＊ mettre（☞ 巻末動詞変化表　n° 20）

4) Le professeur (se plaindre :　　　　　　　　) de l'attitude de ses étudiants.

＊ plaindre（☞ 巻末動詞変化表　n° 35　craindre と同型）

2. 次のフランス語を否定文にしましょう。

1) Elle se couche à 23 heures.

2) Nous nous promenons dans le jardin.

3. 次のフランス語を命令文にしましょう。

1) Tu te brosses les dents.

2) Vous ne vous inquiétez pas des conséquences.

Ⅱ 日本語文に合致するように【　　】内の語を並べかえましょう。（文頭に置くべき単語も小文字で表しています。）

1) フランス語はアルジェリアでも話されていますか。

【français / Algérie / parle / en / le / aussi / se】

2) 始発電車に乗るためにもっと早起きしてくれよ。

【premier / tôt / - / le / lève / train / plus / toi / prendre / pour】

3) 私たちはお互いに手紙をよく書く。【écrivons / nous / souvent / nous】

Ⅲ 音声を聞き、内容に合致する文を記号で選びましょう。

1) a. シルヴィは目が覚めるとすぐにジョギングをする。

b. ジャックはシルヴィの後に目を覚まし、急いで彼女に合流する。

c. シルヴィはジョギングから帰るとすぐ、二人分の朝食を準備する。

2) a. シルヴィとジャックは毎朝電話をする。

b. シルヴィは、ジャックが電話中に寝てしまったことに気がついている。

c. シルヴィは、寝ているジャックを起こす。

Ⅳ 三人一組となり、下記の質問のなかから三つ選び、口頭で次の練習をしましょう。

1) 一人目の人（Aさん）は、二人目の人（Bさん）に向かって次の質問をしましょう。

・À quelle heure est-ce que vous vous levez d'habitude ?

・Vous vous lavez les mains en rentrant chez vous ?

・Est-ce que vous vous intéressez à la peinture ?

・Vous pouvez vous reposer le week-end ?

・Vous dépêchez-vous pour aller au travail (à l'université) le matin ?

（主語は、tu でも構いません。その際は動詞の活用に留意すること。）

2) Bさんは、三人目の人（Cさん）に向かって1）の質問に答えましょう。

3) Cさんは、Bさんが答えたことをAさんに教えてあげましょう。

4) 役割を入れかえて練習しましょう。

マグレブ地方から見た地中海

　みなさんが地中海を想像するとき、たぶん、南仏やイタリア、スペイン、ギリシアなどからみた地中海であることが多いのではないでしょうか。その地中海をはさんで南欧の対岸には、マグレブ地方と呼ばれる北アフリカがあります。マグレブ地方から見る地中海は、ヨーロッパから見えるそれとは、また別種の趣きを与えてくれます。アルジェリア、チュニジア、モロッコといった国々は、かつてフランスの植民地だったこともあり、今でもフランス語が使われています。

　以下の写真は、アルジェリアの首都アルジェから50キロほど離れたティパザという地中海沿岸の街の風景です。この街には古代ローマ遺跡が残っており、ユネスコの世界遺産にも登録されています。フランス語圏作家でアルジェリア出身のアルベール・カミュは、若いころたびたびここを訪れました。彼は、『結婚』というエッセイで、陽光と地中海に恵まれたこのティパザの自然の美しさを情感豊かに描いています。

問いかけ

マグレブ地方と聞いてどんな印象を持ちますか？

この地域と、フランスおよびフランス語との関係を調べてみましょう。

Leçon 14 — 代名動詞（複合過去）／所有代名詞／疑問代名詞②

I 代名動詞の直説法複合過去（肯定形／否定形／疑問形）

●代名動詞の複合過去には、必ず être を用いる。また、再帰代名詞が直接目的補語の場合、過去分詞は主語の性・数に一致する。

◆se lever の直説法複合過去の活用

1）肯定形

se lever

je me suis levé(e) [ləve]	nous nous sommes levé(e)s
tu t'es levé(e)	vous vous êtes levé(e)(s)
il s'est levé	ils se sont levés
elle s'est levée	elles se sont levées

2）否定形

je ne me suis pas levé(e)

3）疑問形

Vous vous êtes levé(e)(s) ?
Est-ce que vous vous êtes levé(e)(s) ?
Vous êtes-vous levé(e)(s) ?

Tu t' es réveillé(e) très tôt. 君はとても早く目が覚めた。
S O(直) V

Elle s' est lavée. 彼女は体を洗った。
S O(直) V

Elle s' est lavé les mains. 彼女は手を洗った。
S O(間) V

Nous nous sommes téléphoné tous les soirs. 私たちは毎晩電話をかけ合った。
S O(間) V

On s' est aimé(e)s. （on＝nous） 私たちは愛し合っていた。
S O(直) V

Ces livres se sont bien vendus cette année. これらの本は今年よく売れた。
S O(直) V

＊受動的用法では、再帰代名詞は直接目的補語扱いとなる。

Je me suis aperçue d'un ennemi. 私は敵に気がついた。
S O(直) V

＊本質的用法では、再帰代名詞は直接目的補語扱いとなる。

cf. 中性代名詞を用いるときは、中性代名詞を再帰代名詞と être の間に置く。
　　例 Je m'en suis aperçue. Je ne m'en suis pas aperçue.

確認1 s'amuser と se coucher を、直説法複合過去で各人称に活用してみましょう。

56

II 所有代名詞

● 既出の名詞を受けて「〜のもの」という代用をする。既出の名詞に従って性数変化を起こし、定冠詞を前におく。

	男性単数	女性単数	男性複数	女性複数
je	le mien	la mienne	les miens	les miennes
tu	le tien	la tienne	les tiens	les tiennes
il / elle	le sien	la sienne	les siens	les siennes
nous	le nôtre	la nôtre	les nôtres	
vous	le vôtre	la vôtre	les vôtres	
ils / elles	le leur	la leur	les leurs	

Voici tes plats et voilà les miens (= mes plats).　こちらが君の料理であちらが私のだ。

確認 2　下線部を適切な所有代名詞に変えましょう。

1) Voici ma boisson et voilà ta boisson.
2) Voici son pull et voilà mon pull.
3) Voici vos livres et voilà leurs livres.

III 疑問代名詞②

● 複数の選択肢の中から「どれ？」「誰？」と尋ねるときに用いる。

	男性単数	女性単数	男性複数	女性複数
	lequel [ləkɛl]	laquelle [lakɛl]	lesquels [lekɛl]	lesquelles [lekɛl]
à +	auquel [okɛl]	à laquelle	auxquels [okɛl]	auxquelles [okɛl]
de +	duquel [dykɛl]	de laquelle	desquels [dekɛl]	desquelles [dekɛl]

● 対象となる名詞の性・数にしたがって、これらの疑問代名詞も性数変化する。
● 前置詞のàやdeをつけて用いる場合、定冠詞の縮約（☞ Leçon 6）と同様に縮約が起こる。
　Lequel de ces films avez-vous vu ?　これらの映画のうちどれを観ましたか。

確認 3　日本語に訳しましょう。

Auquel de ces garçons offrez-vous ce cadeau ?

Prononciation

・i＋母音字	[j]	pied	siège [sjɛʒ]	patience [pasjãs]
・ou＋母音字	[w]	inouï [inwi]	tatouage [tatwaʒ]	
・u＋母音字	[ɥ]	nuage [nɥaʒ]	pluie [plɥi]	

確認 4　次の単語を発音してみましょう。
1) piège　　　2) nuance　　　3) Louis XIV

Leçon

14

─── Exercices ───

I 次の問いに答えましょう。

1. 次の代名動詞の文章を直説法複合過去に書きかえましょう。

   1) Elle se brosse les cheveux.

   ----

   2) Paul et Marie se marient à l'église.

   ----

2. 次の代名動詞の文章を【　】の指示に従って書きかえましょう。

   1) Nous nous sommes souvenues de ta promesse.【否定文に】

   ----

   2) Il s'est présenté à l'oral.【倒置疑問文に】

   ----

3. 次の文の下線部について所有代名詞を用いることで全文を書きかえましょう。

   1) Ses parents paient le loyer de leur appartement et le loyer de son appartement aussi.

   ----

   2) Elle a demandé au garçon sa bière et les bières de ses copines.

II 日本語文に合致するように【　】内の語を並べかえましょう。（文頭に置くべき単語も小文字で表しています。）

   1) 彼女の友だちは今朝9時に起きた。

   【ce / s'est / amie / neuf / matin / levée / son / heures / à】

   ----

   2) 私はティー・サロンでケーキを食べて、彼女のケーキをテイクアウトする。

   【thé / emporte / au / mon / le / je / sien / et / mange / de / salon / gâteau】

III 音声を聞き、（　）内に適切な語を書き入れましょう。

Chloé : Qu'est-ce que tu as fait pendant les vacances d'été ?

Philippe : J'ai visité le musée du Louvre avec une amie. Et après, nous (　　　　　)
           （　　　　　）（　　　　　）au bord de la Seine. Et toi ?

Chloé : Je suis allée chez ma sœur. Elle (　　　　　)（　　　　　）il y a trois ans.

Philippe : Tu (　　　　) bien (　　　　) ?

Chloé : Oui, avec mon neveu. Il est très mignon.

Philippe : Tu appelles souvent ta sœur ?

Chloé : Oui, on (　　　　　)（　　　　　）hier soir.

58

IV 三人一組となり、口頭で次の練習をしましょう。

1) 一人目の人（Aさん）は、二人目の人（Bさん）に向かって次の質問に答えましょう。

・À quelle heure est-ce que vous vous êtes couché(e) hier soir ?

・Vous vous êtes rencontré(e)s dans le campus en dehors de ce cours ?

・Comment est-ce que vous et vos camarades, vous êtes-vous consulté(e)s pour faire ce devoir ?

（主語は、tu でも構いません。その際は動詞の活用に留意すること。）

2) Bさんは、三人目の人（Cさん）に向かって、1) の質問に答えましょう。

3) Cさんは、Bさんが答えたことをAさんに教えてあげましょう。

4) 役割を入れかえて練習しましょう。

ドイツから見た「フランス語」

　　フランス語は、ドイツ語圏でも昔から熱心に学ばれていました。フランスがヨーロッパに君臨する強国だった17〜18世紀にかけて、ドイツの小国の支配者や貴族階級はフランスの文化にあこがれるあまり、ドイツ語やドイツ独自の文化を軽んじる傾向がありました。プロイセン王国の国王フリードリヒ2世（1712 − 1786）はフランス語を独学でマスターし、有名な哲学者ヴォルテールと文通する一方で、ドイツ語は「馭者なみにしかしゃべれない」と自分で言っていました。しかし、王のフランス語はかなりいい加減で、文通相手に平気でVoltereなどと呼びかけています。

　　19世紀になっても、ドイツの上流階級や文化人はフランス語の知識を持っているのが一種のステータスシンボルでした。ウィーンで活躍した作曲家シューベルトに「楽興の時」というピアノ曲がありますが、この曲が最初に出版されたときの楽譜の表紙は全部フランス語で書かれています。ちなみに、曲のタイトルはmomens musicalsとなっています。

フランス人から見たドイツ — フランスを擬人化した女性像マリアンヌと、ドイツの擬人化であるゲルマニアの対比。フランスの風刺新聞La Baïonnetteに掲載された、リュシアン・メティヴェ（Lucien Métivet、1863-1932）によるカリカチュア（1918年）。

　　現在でも、フランス語はドイツで人気のある外国語のひとつであり、日常的にもフランス語の単語がいろいろ使われています。ドイツ人はフライドポテトのことを「ポメス」と呼んでいます。

問いかけ

　　上記の文章にでてくるフランス語の間違いをすべて指摘してみましょう。

　　文化的従属から対立、そして和解と共存へと進んだフランスとドイツの関係と、日本とその周辺諸国のあいだの関係を比べてみましょう。

Leçon 15 半過去／単純未来

I 直説法半過去

●直説法半過去は、直説法現在の一人称複数形の活用語尾を除いた部分を語幹とする（例外は être）。

marcher → nous march**ons** →語幹は march　　　finir → nous finiss**ons** →語幹は finiss

活用語尾は以下。すべての動詞に共通。

◆直説法半過去の活用語尾

je -ais　　　tu -ais　　　il/elle -ait　　　nous -ions　　　vous -iez　　　ils/elles -aient

◆marcher と être の直説法半過去活用

marcher				être*			
je	marchais [maʁʃɛ]	nous	marchions [maʁʃjɔ̃]	j'	étais [ʒetɛ]	nous	étions [nuzetjɔ̃]
tu	marchais [maʁʃɛ]	vous	marchiez [maʁʃje]	tu	étais [tyetɛ]	vous	étiez [vuzetje]
il	marchait [maʁʃɛ]	ils	marchaient [maʁʃɛ]	il	était [iletɛ]	ils	étaient [ilzetɛ]
elle	marchait [maʁʃɛ]	elles	marchaient [maʁʃɛ]	elle	était [ɛletɛ]	elles	étaient [ɛlzetɛ]

＊être の語幹のつくり方は例外。主語と動詞のリエゾン、エリジョン、アンシェヌマンに注意。

半過去の用法

●過去における状態・継続

Quand elle m'a téléphoné, je lisais le journal.　　彼女が私に電話をしたとき、私は新聞を読んでいた。
Il faisait beau.　　天気がよかった。

●過去の習慣

Quand nous étions enfants, nous visitions nos grands-parents deux fois par an.

私たちが子どものころ、一年に二回祖父母を訪ねたものだった。

●間接話法における時制の一致で用いる（過去における現在）

Lucile m'a dit : « Je suis enrhumée. »（直接話法）

Lucile m'a dit qu'elle était enrhumée.（間接話法）

●複合過去との違い

(a) 複合過去：完了したこと（「〜した」）
　　半過去：過去の状態・継続（「〜していた」）
　　J'ai acheté une voiture. / J'étais étudiante.

(b) 複合過去：現在から見た視点→現在へ影響
　　半過去：現在から切り離された過去に身をおいてその時点で体験している視点（回想モード）→
　　　　　　現在へは影響しない
　　Elle est partie à Londres. / Ils travaillaient tous les jours il y a deux ans.

(c) 複合過去：期間を限定する表現と一緒に使える
　　半過去：期間を限定する表現と一緒に使えない
　　J'ai habité à Paris pendant 4 ans. ○ / J'habitais à Paris pendant 4 ans. ×

確認1 habiter と choisir を各人称で直説法半過去に活用してみましょう。

Ⅱ　直説法単純未来

●直説法単純未来の語幹は次のようにつくる。語尾はすべての動詞に共通で、下表のように活用させる。

(a) 原形 -er 動詞 → 直説法現在の一人称単数形

marcher → je marche → je marcherai　　　　＊例外　aller → je vais → j'irai

　　　　　　　　　　　　　　　　　　　　　　　　envoyer → j'envoie → j'enverrai

(b) 原形 -ir 動詞（ir型の不規則動詞も含む）→ 語末の r を取り除く

finir → fini → je finirai　　　　partir → parti → je partirai

(c) その他の不規則なもの

être → je serai　　　　avoir → j'aurai　　　　venir → je viendrai　　　　faire → je ferai

prendre → je prendrai　　pouvoir → je pourrai　　vouloir → je voudrai　　voir → je verrai

◆ 直説法単純未来の活用語尾

je -rai　　　tu -ras　　　il/elle -ra　　　nous -rons　　　vous -rez　　　ils/elles -ront

◆ marcher の直説法単純未来活用

je	marcherai	[maʁʃəʁɛ]	nous	marcherons	[maʁʃəʁɔ̃]
tu	marcheras	[maʁʃəʁa]	vous	marcherez	[maʁʃəʁe]
il	marchera	[maʁʃəʁa]	ils	marcheront	[maʁʃəʁɔ̃]
elle	marchera	[maʁʃəʁa]	elles	marcheront	[maʁʃəʁɔ̃]

単純未来の用法

●未来の出来事・状態を表す。（*cf.* 近接未来 ☞ Leçon 6）

L'avion partira avec un retard de trente minutes.

飛行機は30分遅れて出発するだろう。

Une exposition sur les Impressionnistes aura lieu dans ce musée l'automne prochain.

印象派の展覧会が来年の秋この美術館で行われることになっている。

●二人称のとき、軽い命令を表すこともある。

Tu rentreras la lessive tout de suite.

すぐに洗濯物を取り込んで。

確認2　dîner と pouvoir を単純未来に活用してみましょう。

 Prononciation

· **liaison**（リエゾン）	les Impressionnistes	vous habitiez	grandes écoles [gʁɑ̃dzekɔl]
· **enchaînement**（アンシェヌマン）	il était	une amie [ynami]	une exposition
· **élision**（エリジョン）	l'avion	je m'appelle	j'irai

確認3　次の語句を発音してみましょう。

1) elles avaient　　　2) il a vu　　　3) tu l'auras

I 次の問いに答えましょう。

1. 次の文の下線部について複合過去もしくは半過去を用いて全文を書きかえましょう。

1) Quand je **visiter** Paris, la cathédrale Notre-Dame **être** reconstruite.

   ----

2) Quand je **être** étudiante, je **aider** des fermiers pour les travaux agricoles des champs chaque année.

   ----

3) Je **faire** de la danse classique à Paris pendant 4 ans.

   ----

2. 次の文の下線部について単純未来を用いて全文を書きかえたうえで日本語に訳しましょう。

1) Elle **fait** des études à Lyon l'année prochaine.

   ----

2) Selon le présentateur de la météo, il **pleut** à partir de demain soir.

   ----

3) Vous **achetez** une bouteille de sauce de soja au supermarché.

II 日本語文に合致するように【　　】内の語を並べかえましょう。（文頭に置くべき単語も小文字で表しています。）

1) 彼女らは小学生のとき、ピアノを習っていた。
   【piano / elles / elles / cours / primaire / de / prenaient / étaient / à / des / l'école / quand】

   ----

2) マドレーヌが帰宅したとき、アンヌはベッドで寝ていた。
   【Anne / rentrée / chez / lit / quand / Madeleine / elle / est / était / au】

   ----

3) 来年の3月、私たちはブルターニュ地方でフィールドワークをおこなうことになっている。
   【terrain / prochain / mars / ferons / le / sur / en / recherches / en / des / nous / Bretagne】

🎧 **III** 音声を聞き、応答として適切な文章を記号で答えましょう。

1) a. Ils aimaient le football.　　　　2) a. Oui, elles auront cours demain.

   b. Il aimait le football.　　　　　　　b. Oui, elles feront cours demain.

   c. Ils ont aimé le football.　　　　　　c. Non, elle n'aura pas cours demain.

Ⅳ 口頭で次の練習をしましょう。

1) Quand j'étais enfant に続けて、動詞の半過去形を用いながら過去の習慣を述べましょう。

例 Quand j'étais enfant, j'allais chez mes grands-parents pendant les vacances d'été.

2) 動詞の単純未来形を用いて、来月（le mois prochain）の予定を述べましょう。

例 Je partirai à Kyoto pour voir des amis le mois prochain.

ヨーロッパ統合

　　ヨーロッパではアジアにはない特徴が見られます。それは欧州連合（European Union, EU）という地域統合体の存在です。たとえば、東アジアを見てみると、日本には円、あるいは中国には人民元という通貨があります。ところが、EUの加盟国である、フランス、イタリア、そしてドイツなどでは、ユーロという単一通貨が使われています。かつてフランスにはフラン、イタリアにはリラなど、それぞれの通貨がありましたが、これらをユーロに一本化したわけです。その結果、国境を越えても、同じ通貨で買い物でき、両替の手間が省けるようになりました。

　　その国境についても、EUにはアジアとは大きく異なる特徴があります。フランスを含む多数のEU加盟国に加え、非加盟の4か国では自由に域内を移動できるのです。この域内をシェンゲン圏と言います。つまり、日本から旅行でシェンゲン圏に行くとします。短期滞在の場合、一度パスポートに出入国印を押してもらえば、あとは原則自由に国境を越えて移動することができ、大変便利です。とはいえ、感染症の拡大などの事態の際には域内移動の制限が実施されます。

　　こうした特徴はEU加盟国の人々のアイデンティティーにも影響を及ぼしております。自分はフランス人であるとともに、ヨーロッパ人であるという意識を持っている人が大勢います。ヨーロッパ統合は国家という当たり前の存在に変化をもたらしたのです。

ユーロの紙幣

フランス国旗とEUの旗（ロンドンのフランス総領事館）

問いかけ

　　ヨーロッパのようにアジアでも地域統合を目指すべきでしょうか？　その実現に向けて障壁があるとしたら、それは何でしょうか？　国際政治における理想と現実をめぐる問題について考えてみましょう。

⑧⑥ I　大過去活用 → être もしくは avoir の半過去＋過去分詞

☞ 半過去：Leçon 15

◆ venir と chanter の大過去活用

venir					
j'	étais	venu(e)	nous	étions	venu(e)s
tu	étais	venu(e)	vous	étiez	venu(e)(s)
il	était	venu	ils	étaient	venus
elle	était	venue	elles	étaient	venues

chanter					
j'	avais	chanté	nous	avions	chanté
tu	avais	chanté	vous	aviez	chanté
il	avait	chanté	ils	avaient	chanté
elle	avait	chanté	elles	avaient	chanté

● être を用いる場合、過去分詞は主語と性数一致する。

大過去の用法

● 過去の行為以前に完了している行為・状態、過去の一時点ですでに完了している行為・状態を表す。

J'ai rencontré le garçon dont tu m'avais parlé.

あなたが私に話していた男の子に出会いました。

Quand nous sommes arrivés à la gare, le train était déjà parti.

私たちが駅に着いたとき、電車は既に出発していました。

● 間接話法における時制の一致で用いる。（過去における過去）

Elle m'a dit : « J'ai été (j'étais) malade. »（直接話法）

Elle m'a dit qu'elle avait été malade.（間接話法）

確認1 次の動詞を直説法大過去形に活用しましょう。

1) écouter　　　　2) choisir　　　　3) partir

⑧⑦ II　前未来活用 → être もしくは avoir の単純未来 ＋ 過去分詞

☞ 単純未来：Leçon 15

◆ venir と chanter の前未来活用

venir					
je	serai	venu(e)	nous	serons	venu(e)s
tu	seras	venu(e)	vous	serez	venu(e)(s)
il	sera	venu	ils	seront	venus
elle	sera	venue	elles	seront	venues

chanter					
j'	aurai	chanté	nous	aurons	chanté
tu	auras	chanté	vous	aurez	chanté
il	aura	chanté	ils	auront	chanté
elle	aura	chanté	elles	auront	chanté

●être を用いる場合、過去分詞は主語と性数一致する。

前未来の用法

●未来のある時点ですでに完了するであろう事柄、未来のある時点よりも前に完了するであろう事柄を表す。

●多くの場合、「未来のある時点」は直説法単純未来や副詞句で表される。

Elle aura fini cette lettre dans trois heures.　彼女は3時間後にはこの手紙を書き終えているでしょう。

Je vous rendrai ce livre dès que je l'aurai lu.　この本を読み終えたらお返しします。

確認2　次の動詞を直説法前未来形に活用しましょう。

1) écouter　　　　2) choisir　　　　3) partir

III　前置詞 + 関係代名詞

●関係代名詞の前に前置詞をつける場合（関係詞節が前置詞を介して先行詞につながる場合）、先行詞の種類によって次のようになる。

1)　先行詞が「人」　→ 前置詞 + **qui**

Le garçon (à qui) tu parlais est mon frère.　きみが話した男の子は私の弟だ。
　　　　　　　　　　　S　　　　　　　V　C

考え方 → tu parlais au garçon + le garçon est mon frère　　parler à　～に話す

2)　先行詞が「もの」　→ 前置詞 + **lequel, laquelle, lesquels, lesquelles**

●疑問代名詞と同じかたち。先行詞の性・数によって使い分ける。

●前置詞が à, de の場合、laquelle 以外で縮約が起こる。☞ Leçon 14

C'est le coussin (sur lequel) mon chien dort.　これが私の犬が（その上に）寝ているクッションです。

考え方 → c'est le coussin + mon chien dort sur le coussin

3)　先行詞が「中性語」(ce, rien など)　→ 前置詞 + **quoi**

Laisse-moi deviner ce (à quoi) tu penses.　　君が考えていることを当てさせてくれ。

考え方 → laisse-moi deviner ça + tu penses à ça　　penser à　～のことを考える

確認3　(　) 内の前置詞の後に適切な語を補いましょう。

1)　Il habite dans une maison près (de　　　　　) il y a un lac.
　　彼は近くに湖がある家に住んでいます。

2)　C'est un homme (sur　　　　　) tu peux compter.　　compter sur　～をあてにする
　　この人は君があてにしてよい男性です。

3)　C'est ce (à　　　　　) elle tient beaucoup.　　tenir à　～を大事にしている
　　それは彼女がとても大事にしていることです。

Exercices

Ⅰ 次の問いに答えましょう。

1. 指示された人称について動詞の直説法大過去形を書きましょう。

1) prendre : vous _____ 2) finir : tu _____

3) venir : je _____ 4) faire : elle _____

2. 指示された人称について動詞の前未来形を書きましょう。

1) sortir : nous _____ 2) aller : ils _____

3) regarder : il _____ 4) mettre : elles _____

3. 日本語に訳しましょう。

1) J'ai perdu le parapluie que vous m'aviez prêté.

_____

2) Nous vous téléphonerons quand nous aurons su le résultat du concours.

_____

3) Quelles sont les matières auxquelles il s'intéresse beaucoup ?

_____

4. 最初の文を主節にし、関係代名詞を用いて一つの文にしましょう。

1) C'est la fenêtre. Le voleur s'est introduit par cette fenêtre.

_____

2) Je ne peux pas expliquer la raison. Je me suis cassé une jambe pour cette raison.

_____

Ⅱ 日本語文に合致するように 【　　】内の語を並べかえましょう。（文頭に置くべき単語も小文字で表しています。）

1) これは私がそのおかげでフランス語が話せるようになった教科書です。
【auquel / le / à / manuel / grâce / j'ai / parler / appris / français / le / c'est】

_____

2)　私たちは一ヵ月後にはこの仕事を終えています。

【nous / ce / aurons / travail / fini / dans / mois / un】

- -

3)　あなたにお話しした映画を観なかったのですか。

【parlé / vous / pas / n'avez / le / vu / film / je / vous / dont / avais】

- -

Ⅲ　音声を聞き、（　　）内に適切な語を書き入れましょう。　🎧89

Camille　：　Allô, Michel ? C'est Camille. Je t'appelle pour te dire que je (　　　　　　)
en retard. J'ai raté le train. Quand je suis arrivée à la gare, il (　　　　　　)
(　　　　　　) parti.

Michel　：　Encore ! Je suppose que tu (　　　　　) (　　　　　) tard. Hier, je
(　　　　　) (　　　　　　) de ne pas trop regarder ton smartphone avant de
te coucher.

Camille　：　Mais non, ce n'est pas ça. Ma mère m'a (　　　　　) ce matin pour me dire
qu'elle était malade. C'est la raison (　　　　　) (　　　　　　) je n'ai pas
pu partir de chez moi plus tôt.

Michel　：　Ne dis pas de bêtises ! Quand est-ce que tu peux arriver à la gare ?

Camille　：　Je ne sais pas. Je t'enverrai un mail dès que (　　　　　) (　　　　　) les
horaires de mon train.

Ⅳ　例に従い、口頭で次の練習をしましょう。

1)　前未来形を用いて、1ヵ月後に達成できると思われる目標をフランス語で表現してください。

例　J'aurai perdu deux kilos dans un mois.

　　1ヵ月後には（体重が）2キロ減っていると思います。

- -
- -
- -

2)　直説法大過去形を用いて相手を非難する文章を想像してください。

例　Pourquoi tu n'as pas fait tes devoirs ? Je t'avais bien dit de ne pas l'oublier.

　　どうして宿題をやらなかったの？ 忘れないようにとよく言っておいたのに。

- -
- -
- -

I 条件法現在活用

●条件法現在は、語幹を直説法単純未来の語幹と共通のものとして、下記の通りに語尾を活用させる。

◆条件法現在の活用語尾

je -rais   tu -rais   il/elle -rait   nous -rions   vous -riez   ils/elles -raient

＊直説法単純未来の語幹＋r＋直説法半過去の活用語尾　　　☞ 単純未来および半過去：Leçon 15

◆marcher, être, avoir の条件法現在活用

marcher

je	marcherais	[marʃərɛ]	nous	marcherions	[marʃərjõ]
tu	marcherais	[marʃərɛ]	vous	marcheriez	[marʃərje]
il	marcherait	[marʃərɛ]	ils	marcheraient	[marʃərɛ]
elle	marcherait	[marʃərɛ]	elles	marcheraient	[marʃərɛ]

être

je	serais [sərɛ]	nous	serions [sərjõ]
tu	serais [sərɛ]	vous	seriez [sərje]
il	serait [sərɛ]	ils	seraient [sərɛ]
elle	serait [sərɛ]	elles	seraient [sərɛ]

avoir

j'	aurais [ʒorɛ]	nous	aurions [nuzorjõ]
tu	aurais [tyorɛ]	vous	auriez [vuzorje]
il	aurait [ilorɛ]	ils	auraient [ilzorɛ]
elle	aurait [ɛlorɛ]	elles	auraient [ɛlzorɛ]

＊母音で始まる動詞では、主語と動詞の間にリエゾンやエリジョンが起こるため、avoirについては主語と動詞の両方について発音記号を記している。

条件法現在の用法

●現在の非現実の仮定を表す（英語の仮定法）

Si (S') ＋ 主語 ＋ 直説法半過去 ＋ …, 主語 ＋ 条件法現在 ＋ …

S'il faisait beau aujourd'hui, la finale aurait lieu.　　今日晴れたら、決勝が行われるだろうに。

cf. S'il fait beau demain, la finale aura lieu.　　　明日晴れたら、決勝は行われるだろう。

＊英語と同様、前置詞句、ジェロンディフを含む副詞句などを従属節の代わりに仮定の表現として用いることができる。

Je ne pourrais pas vivre sans elle.　　　　　　　彼女がいなければ、私は生きていけないだろう。

En étant plus prudent, il ferait moins d'erreurs.　　もっと慎重であれば、彼は間違いを減らすだろうに。

●間接話法における時制の一致で用いる（過去における未来）

Henri a dit : « Je pourrai réussir au concours d'entrée à l'E.N.A.. » （直接話法）

Henri a dit qu'il pourrait réussir au concours d'entrée à l'E.N.A.. （間接話法）

アンリは、国立行政学院の入学試験に合格するだろうと言った。

●語調の緩和、ていねいな表現、伝聞・推測として

Monsieur, je voudrais un rendez-vous pour discuter de mon mémoire de licence.

先生、卒論について話し合いをするために面談していただきたいのですが。

Pourriez-vous me prêter un de vos livres pour mes recherches ?

研究のためにあなたの本を1冊貸していただけませんでしょうか。

Il n'y a aucun étudiant dans la salle de classe ; je me tromperais de salle ?

教室には誰も学生がいない。私が教室を間違えているということだろう。

| 確認1 | danser, finir, devoir を条件法現在に活用してみましょう。

II 条件法過去活用 → être もしくは avoir の条件法現在 ＋ 過去分詞

◆aller と marcher の条件法過去活用

aller					
je	serais	allé(e)	nous	serions	allé(e)s
tu	serais	allé(e)	vous	seriez	allé(e)(s)
il	serait	allé	ils	seraient	allés
elle	serait	allée	elles	seraient	allées

● être を用いる場合、過去分詞は主語と性数一致する。

＊être の条件法現在と母音で始まる過去分詞をリエゾンするかしないかは、話し手による。

marcher					
j'	aurais	marché	nous	aurions	marché
tu	aurais	marché	vous	auriez	marché
il	aurait	marché	ils	auraient	marché
elle	aurait	marché	elles	auraient	marché

条件法過去の用法

● 過去の非現実の仮定を表す（英語の仮定法過去）

Si (S') ＋ 主語 ＋ 直説法大過去 ＋ ..., 主語 ＋ 条件法過去 ＋ ...

S'il avait fait beau l'après-midi, la finale aurait eu lieu.

Sans elle, je n'aurais pas pu vivre à cette époque-là.

En étant plus prudent, il aurait fait moins d'erreurs.

● 間接話法における時制の一致で用いる（過去における未来の完了・前未来）

Henri a dit：« J'aurai remis ce dossier à l'administration pour midi.»（直接話法）

Henri a dit qu'il aurait remis ce dossier à l'administration pour midi.（間接話法）

● 過去における語調の緩和、過去に関する伝聞・推測として

Tu aurais dû présenter tes devoirs avant la date limite.

D'après un journal de ce matin, le typhon serait venu au Japon la semaine dernière.

| 確認2 | avoir, sortir, prendre を条件法過去に活用してみましょう。

Appendice

2

Exercices

I 次の問いに答えましょう。

1. 次の文の下線部について条件法現在を、波線部について直説法半過去を用いて全文を書きかえたうえで日本語に訳しましょう。

   1) Si vous **se lever** plus tôt, vous **prendre** le train partant à 9 : 05.

      ----

   2) **Pouvoir**-vous ouvrir la fenêtre, s'il vous plaît ?

      ----

   3) Avec beaucoup d'argent, J'**acheter** cette peinture.

      ----

   4) Selon sa mère, il **partir** en Martinique.

      ----

2. 次の文の下線部について条件法過去を、波線部について直説法大過去を用いて全文を書きかえたうえで日本語に訳しましょう。

   1) Si elle **poser** sa candidature à ce poste, nous **vouloir** absolument l'accepter.

      ----

   2) Sans ton guide, je ne **pouvoir** pas me promener dans ce quartier d'Alger.

      ----

   3) Vous m'avez dit que vous **finir** la préparation de l'exposé avant 10 heures.

      ----

   4) À mon avis, elle **devoir** prendre le train plutôt que le bus pour aller à Osaka.

II 日本語文に合致するように【　　】内の語を並べかえましょう。（文頭に置くべき単語も小文字で表しています。）

   1) 君が昨日の午後、彼女の家に来なかったら、彼女は町に買物をしに出かけていただろうに。
      【allée / elle / elle / courses / venue / serait / n'étais / après-midi / en / chez / des / hier / si / tu / pas / faire / ville】

      ----

   2) じゃがいもを1キロいただきたいのですが。
      【de / je / kilo / un / voudrais / terre / pommes / de】

      ----

3) 車の免許があれば、フランスの田舎に行けるのに。

【aller / de / je / conduire / dans / mon / campagne / permis / pourrais / avec / française / la】

Ⅲ 発音された文章を聞いて書き取ってみましょう。 🎧㉢

1)

----

2)

----

* le village d'Èze : ニースの近くにある標高427メートルの高台の村。

Ⅳ 口頭で練習しましょう。

1) 次の質問に対して、下記で示す例を参考にして答えましょう。

Si tu étais riche, qu'est-ce que tu ferais ?

例 faire le tour du monde dans un bateau de croisière en première classe ; acheter des immeubles du 16ᵉ arrondissement ; passer toutes ma vie à m'amuser ; donner de l'argent à une œuvre de charité, etc.

----

2) 条件法現在を使い、1)で示した「もしお金持ちだったら…」以外で、「もし…だったらいいのになあ」という文を自由に考えて、クラスメートに話してみましょう。

Appendice

2

● 主節に主観を表す動詞が用いられたとき、従属節の動詞が接続法になる。

Je sais qu'il vient.	Je souhaite qu'il vienne.
S V que S V	S V que S V
venir の直説法現在	venir の接続法現在
私は彼が来ることを知っている。	私は彼が来ることを望む。

Ⅰ 接続法現在活用

(93)

◆ chanter の接続法現在活用

je	chante	nous	chantions
tu	chantes	vous	chantiez
il	chante	ils	chantent
elle	chante	elles	chantent

● 原則として語幹は直説法現在形三人称複数の語幹と同じ。 例 chanter → ils chantent

● 語尾はほぼすべての動詞に共通。

● nous と vous は直説法半過去形の活用と同じ／それ以外の人称については直説法現在形の活用と同じ。

確認1 次の動詞を接続法現在形に活用しましょう。

1) écouter   2) choisir   3) partir

● 一部の人称で、特別なかたちの語幹をとる動詞

   aller → j'aille, tu ailles, il aille, elle aille, nous allions, vous alliez , ils aillent, elles aillent

                                   ＊ nous と vous は半過去形の活用と同じ

   venir → je vienne, tu viennes, il vienne, elle vienne, nous venions, vous veniez, ils viennent, elles viennent

                            ＊ nous と vous は半過去形の活用と同じ

● すべての人称に共通の、特別なかたちの語幹をとる動詞（語尾は原則通り）

   pouvoir → je puisse   savoir → je sache   faire → je fasse

● すべての人称で、特別なかたちの語幹をとり、語尾も不規則な動詞

   avoir → j'aie, tu aies, il ait, elle ait, nous ayons, vous ayez, ils aient, elles aient

   être → je sois, tu sois, il soit, elle soit, nous soyons, vous soyez, ils soient, elles soient

確認2 次の動詞を接続法現在形に活用しましょう。

1) pouvoir   2) savoir

● être, avoir, savoir の命令形は接続法から作る。   ☞ 命令法：Leçon 3

être		**avoir**		**savoir**	
Sois !	[swa]	Aie !	[ɛ] ＊ s は取る	Sache !	[saʃ] ＊ s は取る
Soyons !	[swajõ]	Ayons !	[ɛjõ]	Sachons !	[saʃõ]
Soyez !	[swaje]	Ayez !	[ɛje]	Sachez !	[saʃe]

II　接続法過去活用　　→ être もしくは avoir の接続法現在 ＋ 過去分詞

◆ venir と chanter の接続法過去活用

venir					
je	sois	venu(e)	nous	soyons	venu(e)s
tu	sois	venu(e)	vous	soyez	venu(e)(s)
il	soit	venu	ils	soient	venus
elle	soit	venue	elles	soient	venues

chanter					
j'	aie	chanté	nous	ayons	chanté
tu	aies	chanté	vous	ayez	chanté
il	ait	chanté	ils	aient	chanté
elle	ait	chanté	elles	aient	chanté

●être を用いる場合、過去分詞は主語と性数一致する。

確認3　次の動詞を接続法過去形に活用しましょう。

1) écouter　　　　　2) partir

III　接続法の用法

次の場合、従属節の動詞が接続法になる。

1)　主節の動詞が意志、願望、感情などを表すとき
　　souhaiter que、vouloir que、regretter que、apprécier que 〜を評価する、
　　douter que 〜を疑う、avoir peur que 〜を恐れる、être content que 〜に満足している
　　例　Je regrette que vous ne puissiez pas venir. あなたが来られないのは残念です。

2)　必要性や可能性を意味する非人称表現において
　　il se peut que 〜かもしれない、il faut que 〜しなければならない、
　　il est possible que 〜かもしれない/可能である、il vaut mieux que 〜する方が良い
　　cf. il est probable que ＋直説法（おそらく〜だろう）
　　例　Il faut que je parte tout de suite. 私はすぐに出発しなければなりません。

3)　いくつかの表現で
　　avant que、bien que 〜であるにもかかわらず、pour que 〜するために、à moins que 〜でなければ
　　例　Rentrez chez vous avant qu'il fasse nuit. 暗くなる前に家に帰りなさい。

4)　主節が最上級やそれに準ずる表現のとき
　　例　C'est le plus beau paysage que j'aie vu jusqu'ici. これは私が今まで見た中で一番美しい景色です。

5)　主節で意見を述べる動詞 penser, croire などを否定形もしくは疑問形にした場合
　　例　Je crois qu'il est malade. / Je ne crois pas qu'il soit malade.

6)　独立節　Que ＋ 接続法　→ 三人称に対する命令、願望を表す
　　例　Qu'il entre ! 入りなさい！　　Vive la France ! フランス万歳！（Que la France vive ! のこと）

確認4　日本語に訳しましょう。

1) Je doute que vous puissiez venir.　　2) Il vaut mieux que vous partiez tout de suite.

I 次の問いに答えましょう。

1. 指示された人称について動詞の接続法現在形を書きましょう。

    1) sortir : vous _____

    2) finir : tu _____

    3) mettre : je _____

    4) attendre : il _____

2. 日本語に訳しましょう。

    1) Ayez du courage !

    _____

    2) Il n'a pas pris son parapluie bien qu'il pleuve.

    _____

    3) C'est le meilleur restaurant que je connaisse.

    _____

3. 指示に従って文章全体を書きかえましょう。

    1) Elles ne sont pas arrivées à l'heure. (Je regrette que の後に続ける)

    _____

    2) Elle n'a pas lu le document. (Il est possible que の後に続ける)

    _____

    3) Il a fini ses devoirs avant le dîner. (J'apprécie que の後に続ける)

    _____

II 日本語文に合致するように【　　】内の語を並べかえましょう。(文頭に置くべき単語も小文字で表しています。)

    1) あなたは努力をしなければなりません。【que / faut / effort / il / tu / un / fasses】

    _____

    2) 朝の3時に電話をしてほしくありません。
        【matin / ne / je / pas / à / que / me / tu / téléphones / heures / veux / trois / du】

    _____

    3) 近いうちに再会できればと思います。【revoir / souhaite / je / bientôt / puisse / se / qu'on】

    _____

Ⅲ 音声を聞き、応答として適切な文章を記号で答えましょう。

1) a. Parce que je doute que ce soit efficace.
   b. Parce que je veux que ce soit efficace.
   c. Parce que je regrette que ce soit efficace.

2) a. Oui, tu veux que je vienne avec toi.
   b. Oui, je veux que tu viennes avec moi.
   c. Oui, je veux que tu viens avec moi.

3) a. Il faut que tu fasses du sport.
   b. Il faut que tu boives de l'alcool.
   c. Il faut que tu travailles sérieusement.

Ⅳ 接続法を用いて、口頭で次の練習をしましょう。

1) Il faut que の後に続けて、授業の後にしなければならないことを口頭で述べてください。
   例 Il faut que je fasse des courses au supermarché.

   -

   -

   -

2) Je souhaite の後に続けて、現在の願望の一つを口頭で述べてください。
   例 Je souhaite que mon fils réussisse au concours d'entrée à l'Université.
                    ＊ je souhaite que に続けて主語を主節と同じ je とすることはできません。

   -

   -

   -

3

Vocabulaire

 1 数字

0 zéro

1	un	11	onze	21	vingt et un	31 trente et un
2	deux	12	douze	22	vingt-deux	32 trente-deux
3	trois	13	treize	23	vingt-trois	40 quarante
4	quatre	14	quatorze	24	vingt-quatre	41 quarante et un
5	cinq	15	quinze	25	vingt-cinq	42 quarante-deux
6	six	16	seize	26	vingt-six	50 cinquante
7	sept	17	dix-sept	27	vingt-sept	51 cinquante et un
8	huit	18	dix-huit	28	vingt-huit	60 soixante
9	neuf	19	dix-neuf	29	vingt-neuf	61 soixante et un
10	dix	20	vingt	30	trente	62 soixante-deux

70	soixante-dix	81	quatre-vingt-un	1 000	mille
71	soixante et onze	82	quatre-vingt-deux	2 000	deux mille
72	soixante-douze	90	quatre-vingt-dix	2 001	deux mille un
73	soixante-treize	91	quatre-vingt-onze	10 000	dix mille
74	soixante-quatorze	92	quatre-vingt-douze	100 000	cent mille
75	soixante-quinze	99	quatre-vingt-dix-neuf	1 000 000	un million
76	soixante-seize	100	cent		
77	soixante-dix-sept	200	deux cents		
78	soixante-dix-huit	201	deux cent un		
79	soixante-dix-neuf				
80	quatre-vingts				

 2 序数詞

1er (1ère)	premier (première)	5^e	cinquième	9^e	neuvième
2^e	deuxième (second / seconde)	6^e	sixième	10^e	dixième
3^e	troisième	7^e	septième	11^e	onzième
4^e	quatrième	8^e	huitième	12^e	douzième

• 私は大学2年生です。　Je suis en deuxième année d'université.

3 月

1月	janvier	5月	mai	9月	septembre
2月	février	6月	juin	10月	octobre
3月	mars	7月	juillet	11月	novembre
4月	avril	8月	août	12月	décembre

• 今日は10月28日です。　Nous sommes le 28 octobre.

4 曜日

月曜日	lundi	火曜日	mardi	水曜日	mercredi	木曜日	jeudi
金曜日	vendredi	土曜日	samedi	日曜日	dimanche		

• 今日は木曜日です。　Nous sommes jeudi. / C'est jeudi.
• 日付の言い方：2021年10月28日木曜日　→ le jeudi 28 octobre 2021

5 四季

春 le printemps　　　夏 l'été　　　　秋 l'automne　　　冬 l'hiver

6 時間

何時ですか。　　　　Quelle heure est-il ?
• ～時　　　　　　　1時です。Il est une heure.　　2時です。Il est deux heures.
• 「～時～分」　　　Il est ～ heure(s) の後ろに「分」の数字を置く。
　2時10分です。　　Il est deux heures dix.
• 「～時～分前」　　Il est ～ heure(s) moins の後ろに「分」の数字を置く。
　2時10分前です。　Il est deux heures moins dix.
• 「～時半」「～時15分」「～時15分前」「午前零時」「正午」と言うときは、決まった表現を用いる。
　ただし15分、30分をそれぞれ数字で表現しても良い。
　3時半＝3時30分です。Il est trois heures et demie = Il est trois heures trente.
　3時15分です。　　　Il est trois heures et quart = Il est trois heures quinze.
　3時15分前です。　　Il est trois heures moins le quart = Il est trois heures moins quinze.
　正午です。　　　　　Il est midi.
　午前零時です。　　　Il est minuit.
• 午前の du matin / 午後の de l'après-midi

7 天気

どんな天気ですか。	Quel temps fait-il ?		
天気が良い。	Il fait beau.	天気が悪い。	Il fait mauvais.
曇っている。	Il y a des nuages.		
雨が降っている。	Il pleut.	雪が降っている。	Il neige.
風がある。	Il y a du vent.	湿気がある。	Il fait humide.
暑い。	Il fait chaud.	寒い。	Il fait froid.

8 国

日本	le Japon	フランス	la France	イギリス	l'Angleterre
ドイツ	l'Allemagne	イタリア	l'Italie	スペイン	l'Espagne
中国	la Chine	韓国/北朝鮮	la Corée (du Sud / du Nord)	アメリカ合衆国	les États-Unis
ベルギー	la Belgique	カナダ	le Canada	ギリシア	la Grèce
ロシア	la Russie	スイス	la Suisse	フィリピン	les Philippines
ベトナム	le Viêt-nam	インドネシア	l'Indonésie	アルジェリア	l'Algérie

＊国名には女性、男性、複数の区別がある。それぞれに定冠詞がつく。
　→私はフランスが好きです。J'aime la France.
＊e で終わる国名は女性名詞である。
　ただし le Mexique

9 国籍等を表す形容詞

日本の・日本人の japonais / japonaise　　　フランスの・フランス人の français / française
イギリスの・イギリス人の anglais / anglaise　　ドイツの・ドイツ人の allemand / allemande
イタリアの・イタリア人の italien / italienne
スペインの・スペイン人の espagnole / espagnole
中国の・中国人の chinois / chinoise
韓国（朝鮮）の・韓国（朝鮮）人の coréen / coréenne
アメリカの・アメリカ人の américain / américaine

10 職業

学生 étudiant / étudiante	先生 professeur / professeure	会社員 employé / employée
作家 écrivain	医者 médecin	看護師 infirmier / infirmière
店員 vendeur / vendeuse	ウエイター serveur / serveuse	アスリート sportif / sportive
音楽家 musicien / musicienne	画家 peintre	俳優 acteur / actrice
弁護士 avocat / avocate	秘書 secrétaire	

11 スポーツ

• スポーツをする　faire du sport (*m.*)
＊〜（スポーツ名）をする → faire ＋ 部分冠詞 ＋ スポーツ名

サッカー football (*m.*)	柔道 judo (*m.*)	テニス tennis (*m.*)	スキー ski (*m.*)
水泳 natation (*f.*)	バスケット basket (*m.*)	ラグビー rugby (*m.*)	卓球 ping-pong (*m.*)
体操 gymnastique (*f.*)	ヨガ yoga (*m.*)	ハイキング randonnée (*f.*)	
フェンシング escrime (*f.*)	乗馬 équitation (*f.*)		

12 楽器

＊〜（楽器名）を演奏する → jouer ＋ 部分冠詞 ＋ 楽器名

ピアノ piano (*m.*)	ギター guitare (*f.*)	バイオリン violon (*m.*)	フルート flûte (*f.*)
トランペット trompette (*f.*)	クラリネット clarinette (*f.*)		

13 色を表す形容詞

赤い rouge　　　　　　　白い blanc / blanche　　青い bleu / bleue　　黄色い jaune
緑の vert / verte　　　　黒い noir / noire　　　　灰色の gris / grise　　茶色の brun / brune
ブロンドの blond / blonde　紫色の violet / violette　ピンクの rose

14 家族

父 père　　　　　　　　母 mère　　　　　両親 parents　　祖父 grand-père　　祖母 grand-mère
祖父母 grands-parents　兄弟 frère　　　　姉妹 sœur　　　おじ oncle　　　　　おば tante
従兄弟 cousin　　　　　従姉妹 cousine　　息子 fils　　　娘 fille　　　　　　子供 enfant
赤ん坊 bébé (*m.*)　　　甥 neveu　　　　　姪 nièce　　　夫 mari　　　　　　妻 femme
家族 famille (*f.*)

15 身につけるもの

衣服 vêtement (*m.*) *複数で　　　ズボン pantalon (*m.*)　　　　　スカート jupe (*f.*)
スーツ（男性用）costume (*m.*)　スーツ（女性用）tailleur (*m.*)
ネクタイ cravate (*f.*)　　　　　ジャケット veste (*f.*)　　　　　ワンピース robe (*f.*)
コート manteau (*m.*)　　　　　セーター pull (*m.*)　　　　　　ワイシャツ chemise (*f.*)
帽子 chapeau (*m.*)　　　　　　腕時計 montre (*f.*)
手袋 gant (*m.*) *多く複数で　　　メガネ lunette (*f.*) *複数で　　　靴 chaussure (*f.*) *複数で

16 野菜

野菜 légume (*m.*)　　　　　　じゃがいも pomme de terre (*f.*)　トマト tomate (*f.*)
ニンジン carotte (*f.*)　　　　キャベツ chou (*m.*)　　　　　　なす aubergine (*f.*)
きゅうり concombre (*m.*)　　ピーマン poivron (*m.*)　　　　　ズッキーニ courgette (*f.*)
きのこ champignon (*m.*)　　ほうれん草 épinard (*m.*)　　　　玉ねぎ oignon (*m.*)
ねぎ poireau (*m.*)　　　　　にんにく ail (*m.*)　　　　　　　しょうが gingembre (*m.*)
アスパラガス asperge (*f.*)　ブロッコリー brocoli (*m.*)　　　インゲンマメ haricot (*m.*)

17 果物

果物 fruit (*m.*)　　　りんご pomme (*f.*)　　　みかん mandarine (*f.*) / clémentine (*f.*)
オレンジ orange (*f.*)　バナナ banane (*f.*)　　いちご fraise (*f.*)　　メロン melon (*m.*)
なし poire (*f.*)　　　　グレープフルーツ pamplemousse (*m.*)　　パイナップル ananas (*m.*)
ぶどう raisin (*m.*)　　桃 pêche (*f.*)　　　　レモン citron (*m.*)　　いちじく figue (*f.*)
アンズ abricot (*m.*)

18 数量の表現

たくさんの beaucoup de　少しの un peu de　　ほとんど〜ない peu de
十分な assez de　　　　あまりに多くの trop de

19 動詞 avoir を用いた表現

寒い avoir froid   暑い avoir chaud
眠い avoir sommeil   空腹である avoir faim
正しい avoir raison   間違っている avoir tort

＊主語に合わせて動詞を活用させる。

> 例 Elle a sommeil. 彼女は眠いです。   Tu as raison. 君は正しいです。

〜が痛い   avoir mal à 〜

> 例 J'ai mal à la tête. 頭が痛いです。   J'ai mal au ventre. お腹が痛いです。

何歳ですか。－〜歳です。   Quel âge avez-vous ? – J'ai 〜 ans.

> 例 Quel âge avez-vous ? / Quel âge as-tu ? – J'ai dix-neuf ans.

〜が必要である avoir besoin de
〜が怖い   avoir peur de

20 移動の手段

車で en voiture   電車で en train   地下鉄で en métro   バスで en bus
タクシーで en taxi   飛行機で en avion   船で en bateau   トラムで en tram
徒歩で à pied   自転車で à vélo   バイクで à moto   馬で à cheval

21 場所

映画館 cinéma (m.)   美術館 musée (m.)   劇場 théâtre (m.)
スーパーマーケット supermarché (m.)   店 magasin (m.)   銀行 banque (f.)
郵便局 poste (f.)   カフェ café (m.)   レストラン restaurant (m.) ホテル hôtel (m.)
寺 temple (m.)   教会 église (f.)   病院 hôpital (m.)   トイレ toilettes (f.) (pl.)
学校 école (f.)   中学校 collège (m.)   高校 lycée (m.)   大学 université (f.)
海 mer (f.)   山 montagne (f.)   町 ville (f.)   村 village (m.)

22 時に関する表現

朝 matin (m.)   午後 après-midi (m.)   夕方 soir (m.)   夜 nuit (f.)
月 mois (m.)   週 semaine (f.)   年 année (f.)
今日 aujourd'hui   今 maintenant   昨日 hier   一昨日 avant-hier
一年前 il y a un an   だいぶ前に il y a longtemps
明日 demain   明後日 après-demain   一カ月後 dans un mois
もうすぐ bientôt   ただちに tout de suite   さっき/後で tout à l'heure
週に一度 une fois par semaine   毎週日曜日 tous les dimanches
二年ごとに tous les deux ans
しばしば souvent   いつも toujours   時々 de temps en temps
たいてい en général

Leçon 1　主語人称代名詞

この他に、フランス語には「われわれは」「人々は」を意味する on という主語がある。意味は複数だが、活用は三人称単数の il, elle と同じである。

Leçon 2　否定文

様々な否定形

| ne ～ ni ～ ni ～ | ～も～もない | Il n'aime ni Marie ni Pierre. | 彼はマリーもピエールも好きではない。 |
| ne ～ personne | 誰も～ない | Il n'aime personne. | 彼は誰のことも好きではない。 |

Leçon 5　形容詞の性・数

● 形容詞が名前の前に置かれるとき、不定冠詞 des は de になる。

　　une valise lourde　　　　　　　　　　des valises lourdes
　　une grosse valise　　　　　　　　　　de grosses valises

● 名前の前に置かれるか、後に置かれるかで、意味の変わる形容詞がある。

　　un homme grand　背の高い男性　　　　un grand homme　偉人

形容詞の女性形（不規則）

	男性形	女性形	注意点
年取った	vieux [vjø] vieil [vjɛj]	vieille [vjɛj]	vieil は母音または無音の h で始まる男性名詞の前に置かれるときに使う。
新しい	nouveau [nuvo] nouvel [nuvɛl]	nouvelle [nuvɛl]	nouvel は母音または無音の h で始まる男性名詞の前に置かれるときに使う。
穏やかな	doux [du]	douce [dus]	douxe ×

特殊な女性形をもつ形容詞

	男性形	女性形
白い	blanc [blɑ̃]	blanche [blɑ̃ʃ]
新鮮な	frais [fʀɛ]	fraîche [fʀɛʃ]
長い	long [lɔ̃]	longue [lɔ̃g]
乾いた	sec [sɛk]	sèche [sɛʃ]
間違った	faux [fo]	fausse [fos]

Leçon 7　比較級・最上級

形容詞 bon の比較級と最上級

	男性単数	女性単数	男性複数	女性複数
比較級	meilleur	meilleure	meilleurs	meilleures
最上級	le meilleur	la meilleure	les meilleurs	les meilleures

副詞 bien の比較級と最上級

比較級	mieux
最上級	le mieux

● pouvoir + 原形「～できる」、savoir + 原形「～できる」の違い   ☞ savoir：巻末動詞変化表 n° 44
savoir + 原形「～できる」は「能力的に～できる」という意味。

    Je sais nager mais je ne peux pas nager aujourd'hui parce que je suis enrhumé.
    私は泳げますが、今日は風邪を引いているので泳ぐことができません。

● savoir（知っている）と connaître（知っている）の違い
人やものを知っている、の意味では connaître を用いる。

    Tu connais cette fille ?　この女の子を知っている？
que + S + V が続くときは savoir を用いる。

    Tu sais que cette fille est française ?　この女の子がフランス人ということを知っている？

Leçon 8　非人称表現／補語人称代名詞

● その他の非人称表現

    Il y a　～がある、いる　　　　　　　Il y a des enfants dans le jardin.　庭に子供たちがいます。

    Il reste　～が残っている　　　　　　Il reste un peu de pain.　パンが少し残っています。

    Il vaut mieux + inf.　～した方が良い

        Il vaut mieux aller chez le médecin.　お医者さんに行った方が良いです。

    Il s'agit de ～が問題である、～が話題となっている。

● 複合過去形で補語人称代名詞を用いる場合の語順

    Il donne ce cadeau à sa mère.

    Il a donné ce cadeau à sa mère.　　Il n'a pas donné ce cadeau à sa mère.

    ➡ Il le lui a donné.　　　　　　　　➡ Il ne le lui a pas donné.

● 助動詞的役割を果たす動詞 + 原形の構文では、補語人称代名詞はその間に置く

    Il va donner ce cadeau à sa mère.　　　　aller + 原形＝近接未来「これから～するつもりだ」

    ➡ Il va le lui donner.　　　　　　　　　　もしくは「～しに行く」

    Il voudrait donner ce cadeau à sa mère.　vouloir + 原形～したい

    ➡ Il voudrait le lui donner.

    Il est allé donner ce cadeau à sa mère.　「～しに行った」

    ➡ Il est allé le lui donner.

    Il peut donner ce cadeau à sa mère.　　　pouvoir + 原形 ～できる / かもしれない

    ➡ Il peut le lui donner.

    ＊否定形では助動詞的役割を果たす動詞を ne と pas ではさむ。例 Il ne peut pas le lui donner.

    ＊複合時制では être または avoir を ne と pas ではさむ。例 Il n'est pas allé le lui donner.

Leçon 12　受動態

● 受動態の時制・法は être の時制・法により決定する。

    Les enfants sont grondés par le professeur.　　　　直説法現在形の受動態

        être の現在形　　　　子供たちは先生に叱られています。

    Les enfants ont été grondés par le professeur.　　　複合過去の受動態

        être の複合過去

    Les enfants vont être grondés par le professeur.　　近接未来の受動態

        être の近接未来

    Les enfants vient d'être grondés par le professeur.　近接過去の受動態

        être の近接過去

Les enfants étaient grondés par le professeur.　　半過去の受動態
　　　　　　être の半過去
Les enfants seront grondés par le professeur.　　単純未来の受動態
　　　　　　être の単純未来
Les enfants avaient été grondés par le professeur.　大過去の受動態
　　　　　　être の大過去
Les enfants seraient grondés par le professeur.　　条件法現在の受動態
　　　　　　être の条件法現在

Leçon 13　代名動詞

●以下の例文のように、動詞の原形を要求する動詞と一緒に代名動詞を用いる場合、再帰代名詞は
主語に合わせて変化する。

• aimer + inf.　～するのが好き

　J'aime se promener dans le bois. × ／ J'aime me promener dans le bois. ○

• aller + inf.　～しに行く ／ これから～する

　Tu vas se coucher bientôt ? × ／ Tu vas te coucher bientôt ? ○

• pouvoir + inf.　devoir + inf.　vouloir + inf.

　Vous devez se lever tôt demain. × ／ Vous devez vous lever tôt demain. ○

直説法の時制

現在　　　　avoir, être／er 型動詞／ir 型動詞／ir 型不規則動詞／re 型不規則動詞／その他不規則動詞
近接未来　　aller の活用 ＋ 原形
近接過去　　venir の活用 ＋ de ＋ 原形
半過去　　　nous の現在形の活用から ons を取った部分が語幹。語尾 ais, ais, ait, ions, iez, aient
単純未来　　語幹は動詞の型による。語尾 rai, ras, ra, rons, rez, ront
複合過去　　＊下記枠内
大過去　　　＊下記枠内
前未来　　　＊下記枠内

複合時制

複合過去	être もしくは avoir の	現在	＋	過去分詞
大過去	être もしくは avoir の	半過去	＋	過去分詞
前未来	être もしくは avoir の	単純未来	＋	過去分詞
条件法過去	être もしくは avoir の	条件法現在	＋	過去分詞
接続法過去	être もしくは avoir の	接続法現在	＋	過去分詞

＊これらすべての複合時制で、être と avoir のどちらを用いるのかは、複合過去の原則と同じ。
＊être を用いる場合は、過去分詞が主語に性数一致する。（これも複合過去の原則と同じ。）

動詞の「法」

●動詞は法・時制・態（能動態・受動態）で成り立つ。

「法」は次の四つに分類される。

直説法：現実のこととして述べるときに用いる
条件法：非現実／語調の緩和／推測
接続法：主節の動詞に主観を表す動詞が用いられたとき、従属節の動詞が接続法になる
命令法：命令するときに用いる（「命令形」と記されることもある）

Leçon 4のコラム（19ページ）とLeçon 5のコラム（23ページ）のフランス語版です。
是非チャレンジしてみましょう。

Leçon 4　**Claude Debussy**

　　Claude Debussy (1862-1918) est sans doute le plus grand compositeur français. Précocement doué pour la musique, après une solide formation musicale au Conservatoire national de musique de Paris, il va développer un style toujours plus novateur.

　　Son premier grand succès, c'est *Prélude à l'Après-Midi d'un faune* (1894), une œuvre pour orchestre radicalement nouvelle, qui convainc pourtant le public, beaucoup moins les critiques. Outre ses œuvres pour orchestre (cf. *La Mer*, 1905), Debussy compose de nombreuses pièces pour piano comme *Clair de Lune* (1890). Certaines sont des œuvres nostalgiques et impressionnistes (*Jardins sous la pluie*, 1903), d'autres sont mystérieuses et symbolistes (*Pagodes*, 1903), d'autres enfin sont légères et sereines (*La plus que lente*, 1910), voire comiques, évoquant le tout début du jazz (*Golliwog's Cake-Walk*, 1909).

　　Il a été influencé par la musique russe mais aussi par les tonalités celtes, espagnoles voire indonésiennes. Et pourtant, c'est le plus français des compositeurs français au point qu'on lui a attribué le surnom de « Claude de France ». Plus de 100 ans après sa mort, il reste inclassable, moderne, révolution-naire même...

Leçon 5　**Le Palais idéal**

　　Le « Palais idéal » est une sculpture monumentale située dans la petite ville de Hauterives dans la Drôme, un département du sud-est de la France. Sa construction dont l'architecture s'inspire de diverses cultures du monde entier a été entreprise de la fin du 19e siècle au début du 20e siècle par Ferdinand Cheval. Parcourant la campagne à pied ou à bicyclette, ce facteur a construit pendant 33 ans le château idéal dont il rêvait avec des pierres et des cailloux qu'il ramassait sur les bords des chemins. Homme simple et discret, le « Facteur Cheval » n'avait reçu aucune éducation artistique mais, pour bâtir son château, il s'inspirait des images des cartes postales venant de nombreux pays qu'il distribuait aux habitants des villages. André Malraux, écrivain français, devenu ministre de la culture, considérait « le Palais idéal » comme une œuvre importante de l'art naïf et l'a élevé au titre des monuments historiques en 1969.

動 詞 変 化 表

I.	aimer	III.	être aimé(e)(s)
II.	arriver	IV.	se lever

1.	avoir	17.	venir	33.	rire
2.	être	18.	offrir	34.	croire
3.	parler	19.	descendre	35.	craindre
4.	placer	20.	mettre	36.	prendre
5.	manger	21.	battre	37.	boire
6.	acheter	22.	suivre	38.	voir
7.	appeler	23.	vivre	39.	asseoir
8.	préférer	24.	écrire	40.	recevoir
9.	employer	25.	connaître	41.	devoir
10.	envoyer	26.	naître	42.	pouvoir
11.	aller	27.	conduire	43.	vouloir
12.	finir	28.	suffire	44.	savoir
13.	sortir	29.	lire	45.	valoir
14.	courir	30.	plaire	46.	falloir
15.	fuir	31.	dire	47.	pleuvoir
16.	mourir	32.	faire		

不定形・分詞形	直　　説　　法		

I. aimer
aimant
aimé
ayant aimé
（助動詞　avoir）

	現　　　　　在	半　過　去	単　純　過　去
j'	aime	j' aimais	j' aimai
tu	aimes	tu aimais	tu aimas
il	aime	il aimait	il aima
nous	aimons	nous aimions	nous aimâmes
vous	aimez	vous aimiez	vous aimâtes
ils	aiment	ils aimaient	ils aimèrent

命　令　法
aime

aimons
aimez

	複　合　過　去	大　過　去	前　過　去
j'	ai aimé	j' avais aimé	j' eus aimé
tu	as aimé	tu avais aimé	tu eus aimé
il	a aimé	il avait aimé	il eut aimé
nous	avons aimé	nous avions aimé	nous eûmes aimé
vous	avez aimé	vous aviez aimé	vous eûtes aimé
ils	ont aimé	ils avaient aimé	ils eurent aimé

II. arriver
arrivant
arrivé
étant arrivé(e)(s)

（助動詞　être）

	複　合　過　去	大　過　去	前　過　去
je	suis arrivé(e)	j' étais arrivé(e)	je fus arrivé(e)
tu	es arrivé(e)	tu étais arrivé(e)	tu fus arrivé(e)
il	est arrivé	il était arrivé	il fut arrivé
elle	est arrivée	elle était arrivée	elle fut arrivée
nous	sommes arrivé(e)s	nous étions arrivé(e)s	nous fûmes arrivé(e)s
vous	êtes arrivé(e)(s)	vous étiez arrivé(e)(s)	vous fûtes arrivé(e)(s)
ils	sont arrivés	ils étaient arrivés	ils furent arrivés
elles	sont arrivées	elles étaient arrivées	elles furent arrivées

III. être aimé(e)(s)
受動態

étant aimé(e)(s)
ayant été aimé(e)(s)

	現　　　　　在	半　過　去	単　純　過　去
je	suis aimé(e)	j' étais aimé(e)	je fus aimé(e)
tu	es aimé(e)	tu étais aimé(e)	tu fus aimé(e)
il	est aimé	il était aimé	il fut aimé
elle	est aimée	elle était aimée	elle fut aimé e
n.	sommes aimé(e)s	n. étions aimé(e)s	n. fûmes aimé(e)s
v.	êtes aimé(e)(s)	v. étiez aimé(e)(s)	v. fûtes aimé(e)(s)
ils	sont aimés	ils étaient aimés	ils furent aimés
elles	sont aimées	elles étaient aimées	elles furent aimées

命　令　法
sois aimé(e)

soyons aimé(e)s
soyez aimé(e)(s)

	複　合　過　去	大　過　去	前　過　去
j'	ai été aimé(e)	j' avais été aimé(e)	j' eus été aimé(e)
tu	as été aimé(e)	tu avais été aimé(e)	tu eus été aimé(e)
il	a été aimé	il avait été aimé	il eut été aimé
elle	a été aimée	elle avait été aimée	elle eut été aimée
n.	avons été aimé(e)s	n. avions été aimé(e)s	n. eûmes été aimé(e)s
v.	avez été aimé(e)(s)	v. aviez été aimé(e)(s)	v. eûtes été aimé(e)(s)
ils	ont été aimés	ils avaient été aimés	ils eurent été aimés
elles	ont été aimées	elles avaient été aimées	elles eurent été aimées

IV. se lever
代名動詞

se levant
s'étant levé(e)(s)

	現　　　　　在	半　過　去	単　純　過　去
je	me lève	je me levais	je me levai
tu	te lèves	tu te levais	tu te levas
il	se lève	il se levait	il se leva
n.	n. levons	n. n. levions	n. n. levâmes
v.	v. levez	v. v. leviez	v. v. levâtes
ils	se lèvent	ils se levaient	ils se levèrent

命　令　法
lève-toi

levons-nous
levez-vous

	複　合　過　去	大　過　去	前　過　去
je	me suis levé(e)	j' m' étais levé(e)	je me fus levé(e)
tu	t' es levé(e)	tu t' étais levé(e)	tu te fus levé(e)
il	s' est levé	il s' était levé	il se fut levé
elle	s' est levée	elle s' était levée	elle se fut levée
n.	n. sommes levé(e)s	n. n. étions levé(e)s	n. n. fûmes levé(e)s
v.	v. êtes levé(e)(s)	v. v. étiez levé(e)(s)	v. v. fûtes levé(e)(s)
ils	se sont levés	ils s' étaient levés	ils se furent levés
elles	se sont levées	elles s' étaient levées	elles se furent levées

直　説　法	条　件　法	接　続　法	

単　純　未　来 / **現　在** / **現　在** / **半　過　去**

直説法 単純未来	条件法 現在	接続法 現在	接続法 半過去
j'　aimerai	j'　aimerais	j'　aime	j'　aimasse
tu　aimeras	tu　aimerais	tu　aimes	tu　aimasses
il　aimera	il　aimerait	il　aime	il　aimât
nous　aimerons	nous　aimerions	nous　aimions	nous　aimassions
vous　aimerez	vous　aimeriez	vous　aimiez	vous　aimassiez
ils　aimeront	ils　aimeraient	ils　aiment	ils　aimassent

前　未　来 / **過　去** / **過　去** / **大　過　去**

前未来	過去	過去	大過去
j'　aurai　aimé	j'　aurais　aimé	j'　aie　aimé	j'　eusse　aimé
tu　auras　aimé	tu　aurais　aimé	tu　aies　aimé	tu　eusses　aimé
il　aura　aimé	il　aurait　aimé	il　ait　aimé	il　eût　aimé
nous　aurons　aimé	nous　aurions　aimé	nous　ayons　aimé	nous　eussions　aimé
vous　aurez　aimé	vous　auriez　aimé	vous　ayez　aimé	vous　eussiez　aimé
ils　auront　aimé	ils　auraient　aimé	ils　aient　aimé	ils　eussent　aimé

前　未　来 / **過　去** / **過　去** / **大　過　去**

前未来	過去	過去	大過去
je　serai　arrivé(e)	je　serais　arrivé(e)	je　sois　arrivé(e)	je　fusse　arrivé(e)
tu　seras　arrivé(e)	tu　serais　arrivé(e)	tu　sois　arrivé(e)	tu　fusses　arrivé(e)
il　sera　arrivé	il　serait　arrivé	il　soit　arrivé	il　fût　arrivé
elle　sera　arrivée	elle　serait　arrivée	elle　soit　arrivée	elle　fût　arrivée
nous　serons　arrivé(e)s	nous　serions　arrivé(e)s	nous　soyons　arrivé(e)s	nous　fussions　arrivé(e)s
vous　serez　arrivé(e)(s)	vous　seriez　arrivé(e)(s)	vous　soyez　arrivé(e)(s)	vous　fussiez　arrivé(e)(s)
ils　seront　arrivés	ils　seraient　arrivés	ils　soient　arrivés	ils　fussent　arrivés
elles　seront　arrivées	elles　seraient　arrivées	elles　soient　arrivées	elles　fussent　arrivées

単　純　未　来 / **現　在** / **現　在** / **半　過　去**

単純未来	現在	現在	半過去
je　serai　aimé(e)	je　serais　aimé(e)	je　sois　aimé(e)	je　fusse　aimé(e)
tu　seras　aimé(e)	tu　serais　aimé(e)	tu　sois　aimé(e)	tu　fusses　aimé(e)
il　sera　aimé	il　serait　aimé	il　soit　aimé	il　fût　aimé
elle　sera　aimée	elle　serait　aimée	elle　soit　aimée	elle　fût　aimée
n.　serons　aimé(e)s	n.　serions　aimé(e)s	n.　soyons　aimé(e)s	n.　fussions　aimé(e)s
v.　serez　aimé(e)(s)	v.　seriez　aimé(e)(s)	v.　soyez　aimé(e)(s)	v.　fussiez　aimé(e)(s)
ils　seront　aimés	ils　seraient　aimés	ils　soient　aimés	ils　fussent　aimés
elles　seront　aimées	elles　seraient　aimées	elles　soient　aimées	elles　fussent　aimées

前　未　来 / **過　去** / **過　去** / **大　過　去**

前未来	過去	過去	大過去
j'　aurai　été aimé(e)	j'　aurais　été aimé(e)	j'　aie　été aimé(e)	j'　eusse　été aimé(e)
tu　auras　été aimé(e)	tu　aurais　été aimé(e)	tu　aies　été aimé(e)	tu　eusses　été aimé(e)
il　aura　été aimé	il　aurait　été aimé	il　ait　été aimé	il　eût　été aimé
elle　aura　été aimée	elle　aurait　été aimée	elle　ait　été aimée	elle　eût　été aimée
n.　aurons　été aimé(e)s	n.　aurions　été aimé(e)s	n.　ayons　été aimé(e)s	n.　eussions　été aimé(e)s
v.　aurez　été aimé(e)(s)	v.　auriez　été aimé(e)(s)	v.　ayez　été aimé(e)(s)	v.　eussiez　été aimé(e)(s)
ils　auront　été aimés	ils　auraient　été aimés	ils　aient　été aimés	ils　eussent　été aimés
elles　auront　été aimées	elles　auraient　été aimées	elles　aient　été aimées	elles　eussent　été aimées

単　純　未　来 / **現　在** / **現　在** / **半　過　去**

単純未来	現在	現在	半過去
je　me　lèverai	je　me　lèverais	je　me　lève	je　me　levasse
tu　te　lèveras	tu　te　lèverais	tu　te　lèves	tu　te　levasses
il　se　lèvera	il　se　lèverait	il　se　lève	il　se　levât
n.　n.　lèverons	n.　n.　lèverions	n.　n.　levions	n.　n.　levassions
v.　v.　lèverez	v.　v.　lèveriez	v.　v.　leviez	v.　v.　levassiez
ils　se　lèveront	ils　se　lèveraient	ils　se　lèvent	ils　se　levassent

前　未　来 / **過　去** / **過　去** / **大　過　去**

前未来	過去	過去	大過去
je　me　serai　levé(e)	je　me　serais　levé(e)	je　me　sois　levé(e)	je　me　fusse　levé(e)
tu　te　seras　levé(e)	tu　te　serais　levé(e)	tu　te　sois　levé(e)	tu　te　fusses　levé(e)
il　se　sera　levé	il　se　serait　levé	il　se　soit　levé	il　se　fût　levé
elle　se　sera　levée	elle　se　serait　levée	elle　se　soit　levée	elle　se　fût　levée
n.　n.　serons　levé(e)s	n.　n.　serions　levé(e)s	n.　n.　soyons　levé(e)s	n.　n.　fussions　levé(e)s
v.　v.　serez　levé(e)(s)	v.　v.　seriez　levé(e)(s)	v.　v.　soyez　levé(e)(s)	v.　v.　fussiez　levé(e)(s)
ils　se　seront　levés	ils　se　seraient　levés	ils　se　soient　levés	ils　se　fussent　levés
elles　se　seront　levées	elles　se　seraient　levées	elles　se　soient　levées	elles　se　fussent　levées

不 定 形 分 詞 形	直　説　法			
	現　　在	半　過　去	単 純 過 去	単 純 未 来
1. avoir もつ ayant eu [y]	j' ai tu as il a n. avons v. avez ils ont	j' avais tu avais il avait n. avions v. aviez ils avaient	j' eus [y] tu eus il eut n. eûmes v. eûtes ils eurent	j' aurai tu auras il aura n. aurons v. aurez ils auront
2. être 在る étant été	je suis tu es il est n. sommes v. êtes ils sont	j' étais tu étais il était n. étions v. étiez ils étaient	je fus tu fus il fut n. fûmes v. fûtes ils furent	je serai tu seras il sera n. serons v. serez ils seront
3. parler 話す parlant parlé	je parle tu parles il parle n. parlons v. parlez ils parlent	je parlais tu parlais il parlait n. parlions v. parliez ils parlaient	je parlai tu parlas il parla n. parlâmes v. parlâtes ils parlèrent	je parlerai tu parleras il parlera n. parlerons v. parlerez ils parleront
4. placer 置く plaçant placé	je place tu places il place n. plaçons v. placez ils placent	je plaçais tu plaçais il plaçait n. placions v. placiez ils plaçaient	je plaçai tu plaças il plaça n. plaçâmes v. plaçâtes ils placèrent	je placerai tu placeras il placera n. placerons v. placerez ils placeront
5. manger 食べる mangeant mangé	je mange tu manges il mange n. mangeons v. mangez ils mangent	je mangeais tu mangeais il mangeait n. mangions v. mangiez ils mangeaient	je mangeai tu mangeas il mangea n. mangeâmes v. mangeâtes ils mangèrent	je mangerai tu mangeras il mangera n. mangerons v. mangerez ils mangeront
6. acheter 買う achetant acheté	j' achète tu achètes il achète n. achetons v. achetez ils achètent	j' achetais tu achetais il achetait n. achetions v. achetiez ils achetaient	j' achetai tu achetas il acheta n. achetâmes v. achetâtes ils achetèrent	j' achèterai tu achèteras il achètera n. achèterons v. achèterez ils achèteront
7. appeler 呼ぶ appelant appelé	j' appelle tu appelles il appelle n. appelons v. appelez ils appellent	j' appelais tu appelais il appelait n. appelions v. appeliez ils appelaient	j' appelai tu appelas il appela n. appelâmes v. appelâtes ils appelèrent	j' appellerai tu appelleras il appellera n. appellerons v. appellerez ils appelleront
8. préférer より好む préférant préféré	je préfère tu préfères il préfère n. préférons v. préférez ils préfèrent	je préférais tu préférais il préférait n. préférions v. préfériez ils préféraient	je préférai tu préféras il préféra n. préférâmes v. préférâtes ils préférèrent	je préférerai tu préféreras il préférera n. préférerons v. préférerez ils préféreront

条　件　法	接　続　法		命　令　法	同型活用の動詞
現　　在	現　　在	半　過　去	現　　在	（注意）
j' aurais tu aurais il aurait n. aurions v. auriez ils auraient	j' aie tu aies il ait n. ayons v. ayez ils aient	j' eusse tu eusses il eût n. eussions v. eussiez ils eussent	aie ayons ayez	
je serais tu serais il serait n. serions v. seriez ils seraient	je sois tu sois il soit n. soyons v. soyez ils soient	je fusse tu fusses il fût n. fussions v. fussiez ils fussent	sois soyons soyez	
je parlerais tu parlerais il parlerait n. parlerions v. parleriez ils parleraient	je parle tu parles il parle n. parlions v. parliez ils parlent	je parlasse tu parlasses il parlât n. parlassions v. parlassiez ils parlassent	parle parlons parlez	第1群規則動詞 （4型〜10型をのぞく）
je placerais tu placerais il placerait n. placerions v. placeriez ils placeraient	je place tu places il place n. placions v. placiez ils placent	je plaçasse tu plaçasses il plaçât n. plaçassions v. plaçassiez ils plaçassent	place plaçons placez	—cer の動詞 annoncer, avancer, commencer, effacer, renoncer など. (a, o の前で c → ç)
je mangerais tu mangerais il mangerait n. mangerions v. mangeriez ils mangeraient	je mange tu manges il mange n. mangions v. mangiez ils mangent	je mangeasse tu mangeasses il mangeât n. mangeassions v. mangeassiez ils mangeassent	mange mangeons mangez	—ger の動詞 arranger, changer, charger, engager, nager, obliger など. (a, o の前で g → ge)
j' achèterais tu achèterais il achèterait n. achèterions v. achèteriez ils achèteraient	j' achète tu achètes il achète n. achetions v. achetiez ils achètent	j' achetasse tu achetasses il achetât n. achetassions v. achetassiez ils achetassent	achète achetons achetez	—e＋子音＋er の動詞 achever, lever, mener など. (7型をのぞく. e muet を 含む音節の前で e → è)
j' appellerais tu appellerais il appellerait n. appellerions v. appelleriez ils appelleraient	j' appelle tu appelles il appelle n. appelions v. appeliez ils appellent	j' appelasse tu appelasses il appelât n. appelassions v. appelassiez ils appelassent	appelle appelons appelez	—eter, —eler の動詞 jeter, rappeler など. (6型のものもある. e muet の前で t, l を重ね る)
je préférerais tu préférerais il préférerait n. préférerions v. préféreriez ils préféreraient	je préfère tu préfères il préfère n. préférions v. préfériez ils préfèrent	je préférasse tu préférasses il préférât n. préférassions v. préférassiez ils préférassent	préfère préférons préférez	—é＋子音＋er の動詞 céder, espérer, opérer, répéter など. (e muet を含む語末音節 の前で é → è)

不 定 形 分 詞 形	直 説 法			
	現　　在	半　過　去	単純過去	単純未来
9. employer 使う employant employé	j'　emploie tu　emploies il　emploie n.　employons v.　employez ils　emploient	j'　employais tu　employais il　employait n.　employions v.　employiez ils　employaient	j'　employai tu　employas il　employa n.　employâmes v.　employâtes ils　employèrent	j'　emploierai tu　emploieras il　emploiera n.　emploierons v.　emploierez ils　emploieront
10. envoyer 送る envoyant envoyé	j'　envoie tu　envoies il　envoie n.　envoyons v.　envoyez ils　envoient	j'　envoyais tu　envoyais il　envoyait n.　envoyions v.　envoyiez ils　envoyaient	j'　envoyai tu　envoyas il　envoya n.　envoyâmes v.　envoyâtes ils　envoyèrent	j'　enverrai tu　enverras il　enverra n.　enverrons v.　enverrez ils　enverront
11. aller 行く allant allé	je　vais tu　vas il　va n.　allons v.　allez ils　vont	j'　allais tu　allais il　allait n.　allions v.　alliez ils　allaient	j'　allai tu　allas il　alla n.　allâmes v.　allâtes ils　allèrent	j'　irai tu　iras il　ira n.　irons v.　irez ils　iront
12. finir 終える finissant fini	je　finis tu　finis il　finit n.　finissons v.　finissez ils　finissent	je　finissais tu　finissais il　finissait n.　finissions v.　finissiez ils　finissaient	je　finis tu　finis il　finit n.　finîmes v.　finîtes ils　finirent	je　finirai tu　finiras il　finira n.　finirons v.　finirez ils　finiront
13. sortir 出かける sortant sorti	je　sors tu　sors il　sort n.　sortons v.　sortez ils　sortent	je　sortais tu　sortais il　sortait n.　sortions v.　sortiez ils　sortaient	je　sortis tu　sortis il　sortit n.　sortîmes v.　sortîtes ils　sortirent	je　sortirai tu　sortiras il　sortira n.　sortirons v.　sortirez ils　sortiront
14. courir 走る courant couru	je　cours tu　cours il　court n.　courons v.　courez ils　courent	je　courais tu　courais il　courait n.　courions v.　couriez ils　couraient	je　courus tu　courus il　courut n.　courûmes v.　courûtes ils　coururent	je　courrai tu　courras il　courra n.　courrons v.　courrez ils　courront
15. fuir 逃げる fuyant fui	je　fuis tu　fuis il　fuit n.　fuyons v.　fuyez ils　fuient	je　fuyais tu　fuyais il　fuyait n.　fuyions v.　fuyiez ils　fuyaient	je　fuis tu　fuis il　fuit n.　fuîmes v.　fuîtes ils　fuirent	je　fuirai tu　fuiras il　fuira n.　fuirons v.　fuirez ils　fuiront
16. mourir 死ぬ mourant mort	je　meurs tu　meurs il　meurt n.　mourons v.　mourez ils　meurent	je　mourais tu　mourais il　mourait n.　mourions v.　mouriez ils　mouraient	je　mourus tu　mourus il　mourut n.　mourûmes v.　mourûtes ils　moururent	je　mourrai tu　mourras il　mourra n.　mourrons v.　mourrez ils　mourront

| 条件法 | 接続法 | | 命令法 | 同型活用の動詞 |
現　在	現　在	半　過　去	現　在	（注意）
j'　emploierais tu　emploierais il　emploierait n.　emploierions v.　emploieriez ils　emploieraient	j'　emploie tu　emploies il　emploie n.　employions v.　employiez ils　emploient	j'　employasse tu　employasses il　employât n.　employassions v.　employassiez ils　employassent	emploie employons employez	—oyer, —uyer, —ayer の動詞 (e muet の前で y → i. —ayer は 3 型でもよい. また envoyer → 10)
j'　enverrais tu　enverrais il　enverrait n.　enverrions v.　enverriez ils　enverraient	j'　envoie tu　envoies il　envoie n.　envoyions v.　envoyiez ils　envoient	j'　envoyasse tu　envoyasses il　envoyât n.　envoyassions v.　envoyassiez ils　envoyassent	envoie envoyons envoyez	renvoyer （未来，条・現のみ 9 型と ことなる）
j'　irais tu　irais il　irait n.　irions v.　iriez ils　iraient	j'　aille tu　ailles il　aille n.　allions v.　alliez ils　aillent	j'　allasse tu　allasses il　allât n.　allassions v.　allassiez ils　allassent	va allons allez	
je　finirais tu　finirais il　finirait n.　finirions v.　finiriez ils　finiraient	je　finisse tu　finisses il　finisse n.　finissions v.　finissiez ils　finissent	je　finisse tu　finisses il　finît n.　finissions v.　finissiez ils　finissent	finis finissons finissez	第 2 群規則動詞
je　sortirais tu　sortirais il　sortirait n.　sortirions v.　sortiriez ils　sortiraient	je　sorte tu　sortes il　sorte n.　sortions v.　sortiez ils　sortent	je　sortisse tu　sortisses il　sortît n.　sortissions v.　sortissiez ils　sortissent	sors sortons sortez	partir, dormir, endormir, se repentir, sentir, servir
je　courrais tu　courrais il　courrait n.　courrions v.　courriez ils　courraient	je　coure tu　coures il　coure n.　courions v.　couriez ils　courent	je　courusse tu　courusses il　courût n.　courussions v.　courussiez ils　courussent	cours courons courez	accourir, parcourir, secourir
je　fuirais tu　fuirais il　fuirait n.　fuirions v.　fuiriez ils　fuiraient	je　fuie tu　fuies il　fuie n.　fuyions v.　fuyiez ils　fuient	je　fuisse tu　fuisses il　fuît n.　fuissions v.　fuissiez ils　fuissent	fuis fuyons fuyez	s'enfuir
je　mourrais tu　mourrais il　mourrait n.　mourrions v.　mourriez ils　mourraient	je　meure tu　meures il　meure n.　mourions v.　mouriez ils　meurent	je　mourusse tu　mourusses il　mourût n.　mourussions v.　mourussiez ils　mourussent	meurs mourons mourez	

不 定 形 分 詞 形	直　　　　説　　　　法			
	現　　　　在	半　過　去	単　純　過　去	単　純　未　来
17. venir 来る venant venu	je viens tu viens il vient n. venons v. venez ils viennent	je venais tu venais il venait n. venions v. veniez ils venaient	je vins tu vins il vint n. vînmes v. vîntes ils vinrent	je viendrai tu viendras il viendra n. viendrons v. viendrez ils viendront
18. offrir 贈る offrant offert	j' offre tu offres il offre n. offrons v. offrez ils offrent	j' offrais tu offrais il offrait n. offrions v. offriez ils offraient	j' offris tu offris il offrit n. offrîmes v. offrîtes ils offrirent	j' offrirai tu offriras il offrira n. offrirons v. offrirez ils offriront
19. descendre 降りる descendant descendu	je descends tu descends il descend n. descendons v. descendez ils descendent	je descendais tu descendais il descendait n. descendions v. descendiez ils descendaient	je descendis tu descendis il descendit n. descendîmes v. descendîtes ils descendirent	je descendrai tu descendras il descendra n. descendrons v. descendrez ils descendront
20. mettre 置く mettant mis	je mets tu mets il met n. mettons v. mettez ils mettent	je mettais tu mettais il mettait n. mettions v. mettiez ils mettaient	je mis tu mis il mit n. mîmes v. mîtes ils mirent	je mettrai tu mettras il mettra n. mettrons v. mettrez ils mettront
21. battre 打つ battant battu	je bats tu bats il bat n. battons v. battez ils battent	je battais tu battais il battait n. battions v. battiez ils battaient	je battis tu battis il battit n. battîmes v. battîtes ils battirent	je battrai tu battras il battra n. battrons v. battrez ils battront
22. suivre ついて行く suivant suivi	je suis tu suis il suit n. suivons v. suivez ils suivent	je suivais tu suivais il suivait n. suivions v. suiviez ils suivaient	je suivis tu suivis il suivit n. suivîmes v. suivîtes ils suivirent	je suivrai tu suivras il suivra n. suivrons v. suivrez ils suivront
23. vivre 生きる vivant vécu	je vis tu vis il vit n. vivons v. vivez ils vivent	je vivais tu vivais il vivait n. vivions v. viviez ils vivaient	je vécus tu vécus il vécut n. vécûmes v. vécûtes ils vécurent	je vivrai tu vivras il vivra n. vivrons v. vivrez ils vivront
24. écrire 書く écrivant écrit	j' écris tu écris il écrit n. écrivons v. écrivez ils écrivent	j' écrivais tu écrivais il écrivait n. écrivions v. écriviez ils écrivaient	j' écrivis tu écrivis il écrivit n. écrivîmes v. écrivîtes ils écrivirent	j' écrirai tu écriras il écrira n. écrirons v. écrirez ils écriront

条 件 法		接 続 法			命 令 法	同型活用の動詞
現 在		現 在		半 過 去	現 在	（注意）
je viendrais tu viendrais il viendrait n. viendrions v. viendriez ils viendraient		je vienne tu viennes il vienne n. venions v. veniez ils viennent		je vinsse tu vinsses il vînt n. vinssions v. vinssiez ils vinssent	viens venons venez	convenir, devenir, provenir, revenir, se souvenir ; tenir, appartenir, maintenir, obtenir, retenir, soutenir
j' offrirais tu offrirais il offrirait n. offririons v. offririez ils offriraient		j' offre tu offres il offre n. offrions v. offriez ils offrent		j' offrisse tu offrisses il offrît n. offrissions v. offrissiez ils offrissent	offre offrons offrez	couvrir, découvrir, ouvrir, souffrir
je descendrais tu descendrais il descendrait n. descendrions v. descendriez ils descendraient		je descende tu descendes il descende n. descendions v. descendiez ils descendent		je descendisse tu descendisses il descendît n. descendissions v. descendissiez ils descendissent	descends descendons descendez	attendre, défendre, rendre, entendre, perdre, prétendre, répondre, tendre, vendre
je mettrais tu mettrais il mettrait n. mettrions v. mettriez ils mettraient		je mette tu mettes il mette n. mettions v. mettiez ils mettent		je misse tu misses il mît n. missions v. missiez ils missent	mets mettons mettez	admettre, commettre, permettre, promettre, remettre, soumettre
je battrais tu battrais il battrait n. battrions v. battriez ils battraient		je batte tu battes il batte n. battions v. battiez ils battent		je battisse tu battisses il battît n. battissions v. battissiez ils battissent	bats battons battez	abattre, combattre
je suivrais tu suivrais il suivrait n. suivrions v. suivriez ils suivraient		je suive tu suives il suive n. suivions v. suiviez ils suivent		je suivisse tu suivisses il suivît n. suivissions v. suivissiez ils suivissent	suis suivons suivez	poursuivre
je vivrais tu vivrais il vivrait n. vivrions v. vivriez ils vivraient		je vive tu vives il vive n. vivions v. viviez ils vivent		je vécusse tu vécusses il vécût n. vécussions v. vécussiez ils vécussent	vis vivons vivez	
j' écrirais tu écrirais il écrirait n. écririons v. écririez ils écriraient		j' écrive tu écrives il écrive n. écrivions v. écriviez ils écrivent		j' écrivisse tu écrivisses il écrivît n. écrivissions v. écrivissiez ils écrivissent	écris écrivons écrivez	décrire, inscrire

不　定　形 分　詞　形	直　　　説　　　法			
	現　　在	半　過　去	単純過去	単純未来
25. connaître 知っている connaissant connu	je　connais tu　connais il　connaît n.　connaissons v.　connaissez ils　connaissent	je　connaissais tu　connaissais il　connaissait n.　connaissions v.　connaissiez ils　connaissaient	je　connus tu　connus il　connut n.　connûmes v.　connûtes ils　connurent	je　connaîtrai tu　connaîtras il　connaîtra n.　connaîtrons v.　connaîtrez ils　connaîtront
26. naître 生まれる naissant né	je　nais tu　nais il　naît n.　naissons v.　naissez ils　naissent	je　naissais tu　naissais il　naissait n.　naissions v.　naissiez ils　naissaient	je　naquis tu　naquis il　naquit n.　naquîmes v.　naquîtes ils　naquirent	je　naîtrai tu　naîtras il　naîtra n.　naîtrons v.　naîtrez ils　naîtront
27. conduire みちびく conduisant conduit	je　conduis tu　conduis il　conduit n.　conduisons v.　conduisez ils　conduisent	je　conduisais tu　conduisais il　conduisait n.　conduisions v.　conduisiez ils　conduisaient	je　conduisis tu　conduisis il　conduisit n.　conduisîmes v.　conduisîtes ils　conduisirent	je　conduirai tu　conduiras il　conduira n.　conduirons v.　conduirez ils　conduiront
28. suffire 足りる suffisant suffi	je　suffis tu　suffis il　suffit n.　suffisons v.　suffisez ils　suffisent	je　suffisais tu　suffisais il　suffisait n.　suffisions v.　suffisiez ils　suffisaient	je　suffis tu　suffis il　suffit n.　suffîmes v.　suffîtes ils　suffirent	je　suffirai tu　suffiras il　suffira n.　suffirons v.　suffirez ils　suffiront
29. lire 読む lisant lu	je　lis tu　lis il　lit n.　lisons v.　lisez ils　lisent	je　lisais tu　lisais il　lisait n.　lisions v.　lisiez ils　lisaient	je　lus tu　lus il　lut n.　lûmes v.　lûtes ils　lurent	je　lirai tu　liras il　lira n.　lirons v.　lirez ils　liront
30. plaire 気に入る plaisant plu	je　plais tu　plais il　plaît n.　plaisons v.　plaisez ils　plaisent	je　plaisais tu　plaisais il　plaisait n.　plaisions v.　plaisiez ils　plaisaient	je　plus tu　plus il　plut n.　plûmes v.　plûtes ils　plurent	je　plairai tu　plairas il　plaira n.　plairons v.　plairez ils　plairont
31. dire 言う disant dit	je　dis tu　dis il　dit n.　disons v.　dites ils　disent	je　disais tu　disais il　disait n.　disions v.　disiez ils　disaient	je　dis tu　dis il　dit n.　dîmes v.　dîtes ils　dirent	je　dirai tu　diras il　dira n.　dirons v.　direz ils　diront
32. faire する faisant [fəzɑ̃] fait	je　fais tu　fais il　fait n.　faisons [fəzɔ̃] v.　faites ils　font	je　faisais [fəzɛ] tu　faisais il　faisait n.　faisions v.　faisiez ils　faisaient	je　fis tu　fis il　fit n.　fîmes v.　fîtes ils　firent	je　ferai tu　feras il　fera n.　ferons v.　ferez ils　feront

条 件 法	接 続 法		命 令 法	同型活用の動詞
現　在	現　在	半　過　去	現　在	（注意）
je connaîtrais tu connaîtrais il connaîtrait n. connaîtrions v. connaîtriez ils connaîtraient	je connaisse tu connaisses il connaisse n. connaissions v. connaissiez ils connaissent	je connusse tu connusses il connût n. connussions v. connussiez ils connussent	connais connaissons connaissez	reconnaître ; paraître, apparaître, disparaître （t の前で i → î）
je naîtrais tu naîtrais il naîtrait n. naîtrions v. naîtriez ils naîtraient	je naisse tu naisses il naisse n. naissions v. naissiez ils naissent	je naquisse tu naquisses il naquît n. naquissions v. naquissiez ils naquissent	nais naissons naissez	renaître （t の前で i → î）
je conduirais tu conduirais il conduirait n. conduirions v. conduiriez ils conduiraient	je conduise tu conduises il conduise n. conduisions v. conduisiez ils conduisent	je conduisisse tu conduisisses il conduisît n. conduisissions v. conduisissiez ils conduisissent	conduis conduisons conduisez	introduire, produire, traduire ; construire, détruire
je suffirais tu suffirais il suffirait n. suffirions v. suffiriez ils suffiraient	je suffise tu suffises il suffise n. suffisions v. suffisiez ils suffisent	je suffisse tu suffisses il suffît n. suffissions v. suffissiez ils suffissent	suffis suffisons suffisez	
je lirais tu lirais il lirait n. lirions v. liriez ils liraient	je lise tu lises il lise n. lisions v. lisiez ils lisent	je lusse tu lusses il lût n. lussions v. lussiez ils lussent	lis lisons lisez	élire, relire
je plairais tu plairais il plairait n. plairions v. plairiez ils plairaient	je plaise tu plaises il plaise n. plaisions v. plaisiez ils plaisent	je plusse tu plusses il plût n. plussions v. plussiez ils plussent	plais plaisons plaisez	déplaire, taire （ただし taire の直・現・ 3 人称単数 il tait）
je dirais tu dirais il dirait n. dirions v. diriez ils diraient	je dise tu dises il dise n. disions v. disiez ils disent	je disse tu disses il dît n. dissions v. dissiez ils dissent	dis disons dites	redire
je ferais tu ferais il ferait n. ferions v. feriez ils feraient	je fasse tu fasses il fasse n. fassions v. fassiez ils fassent	je fisse tu fisses il fît n. fissions v. fissiez ils fissent	fais faisons faites	défaire, refaire, satisfaire

不定形 分詞形	直　　　説　　　法			
	現　　在	半　過　去	単純過去	単純未来
33. rire 笑う riant ri	je ris tu ris il rit n. rions v. riez ils rient	je riais tu riais il riait n. riions v. riiez ils riaient	je ris tu ris il rit n. rîmes v. rîtes ils rirent	je rirai tu riras il rira n. rirons v. rirez ils riront
34. croire 信じる croyant cru	je crois tu crois il croit n. croyons v. croyez ils croient	je croyais tu croyais il croyait n. croyions v. croyiez ils croyaient	je crus tu crus il crut n. crûmes v. crûtes ils crurent	je croirai tu croiras il croira n. croirons v. croirez ils croiront
35. craindre おそれる craignant craint	je crains tu crains il craint n. craignons v. craignez ils craignent	je craignais tu craignais il craignait n. craignions v. craigniez ils craignaient	je craignis tu craignis il craignit n. craignîmes v. craignîtes ils craignirent	je craindrai tu craindras il craindra n. craindrons v. craindrez ils craindront
36. prendre とる prenant pris	je prends tu prends il prend n. prenons v. prenez ils prennent	je prenais tu prenais il prenait n. prenions v. preniez ils prenaient	je pris tu pris il prit n. prîmes v. prîtes ils prirent	je prendrai tu prendras il prendra n. prendrons v. prendrez ils prendront
37. boire 飲む buvant bu	je bois tu bois il boit n. buvons v. buvez ils boivent	je buvais tu buvais il buvait n. buvions v. buviez ils buvaient	je bus tu bus il but n. bûmes v. bûtes ils burent	je boirai tu boiras il boira n. boirons v. boirez ils boiront
38. voir 見る voyant vu	je vois tu vois il voit n. voyons v. voyez ils voient	je voyais tu voyais il voyait n. voyions v. voyiez ils voyaient	je vis tu vis il vit n. vîmes v. vîtes ils virent	je verrai tu verras il verra n. verrons v. verrez ils verront
39. asseoir 座らせる asseyant assoyant assis	j' assieds tu assieds il assied n. asseyons v. asseyez ils asseyent j' assois tu assois il assoit n. assoyons v. assoyez ils assoient	j' asseyais tu asseyais il asseyait n. asseyions v. asseyiez ils asseyaient j' assoyais tu assoyais il assoyait n. assoyions v. assoyiez ils assoyaient	j' assis tu assis il assit n. assîmes v. assîtes ils assirent	j' assiérai tu assiéras il assiéra n. assiérons v. assiérez ils assiéront j' assoirai tu assoiras il assoira n. assoirons v. assoirez ils assoiront

条　件　法		接　　続　　法			命　令　法	同型活用の動詞（注意）
現　　在		現　　在		半　過　去	現　　在	
je	rirais	je	rie	je	risse		sourire
tu	rirais	tu	ries	tu	risses	ris	
il	rirait	il	rie	il	rît		
n.	ririons	n.	riions	n.	rissions	rions	
v.	ririez	v.	riiez	v.	rissiez	riez	
ils	riraient	ils	rient	ils	rissent		
je	croirais	je	croie	je	crusse		
tu	croirais	tu	croies	tu	crusses	crois	
il	croirait	il	croie	il	crût		
n.	croirions	n.	croyions	n.	crussions	croyons	
v.	croiriez	v.	croyiez	v.	crussiez	croyez	
ils	croiraient	ils	croient	ils	crussent		
je	craindrais	je	craigne	je	craignisse		plaindre ; atteindre, éteindre, peindre; joindre, rejoindre
tu	craindrais	tu	craignes	tu	craignisses	crains	
il	craindrait	il	craigne	il	craignît		
n.	craindrions	n.	craignions	n.	craignissions	craignons	
v.	craindriez	v.	craigniez	v.	craignissiez	craignez	
ils	craindraient	ils	craignent	ils	craignissent		
je	prendrais	je	prenne	je	prisse		apprendre, comprendre, surprendre
tu	prendrais	tu	prennes	tu	prisses	prends	
il	prendrait	il	prenne	il	prît		
n.	prendrions	n.	prenions	n.	prissions	prenons	
v.	prendriez	v.	preniez	v.	prissiez	prenez	
ils	prendraient	ils	prennent	ils	prissent		
je	boirais	je	boive	je	busse		
tu	boirais	tu	boives	tu	busses	bois	
il	boirait	il	boive	il	bût		
n.	boirions	n.	buvions	n.	bussions	buvons	
v.	boiriez	v.	buviez	v.	bussiez	buvez	
ils	boiraient	ils	boivent	ils	bussent		
je	verrais	je	voie	je	visse		revoir
tu	verrais	tu	voies	tu	visses	vois	
il	verrait	il	voie	il	vît		
n.	verrions	n.	voyions	n.	vissions	voyons	
v.	verriez	v.	voyiez	v.	vissiez	voyez	
ils	verraient	ils	voient	ils	vissent		
j'	assiérais	j'	asseye				（代名動詞 s'asseoir として用いられることが多い．下段は俗語調）
tu	assiérais	tu	asseyes			assieds	
il	assiérait	il	asseye				
n.	assiérions	n.	asseyions	j'	assisse	asseyons	
v.	assiériez	v.	asseyiez	tu	assisses	asseyez	
ils	assiéraient	ils	asseyent	il	assît		
				n.	assissions		
j'	assoirais	j'	assoie	v.	assissiez		
tu	assoirais	tu	assoies	ils	assissent	assois	
il	assoirait	il	assoie				
n.	assoirions	n.	assoyions			assoyons	
v.	assoiriez	v.	assoyiez			assoyez	
ils	assoiraient	ils	assoient				

不　定　形 分　詞　形	直　　説　　法			
	現　　　在	半　過　去	単純過去	単純未来
40. recevoir 受取る recevant reçu	je reçois tu reçois il reçoit n. recevons v. recevez ils reçoivent	je recevais tu recevais il recevait n. recevions v. receviez ils recevaient	je reçus tu reçus il reçut n. reçûmes v. reçûtes ils reçurent	je recevrai tu recevras il recevra n. recevrons v. recevrez ils recevront
41. devoir ねばならぬ devant dû, due dus, dues	je dois tu dois il doit n. devons v. devez ils doivent	je devais tu devais il devait n. devions v. deviez ils devaient	je dus tu dus il dut n. dûmes v. dûtes ils durent	je devrai tu devras il devra n. devrons v. devrez ils devront
42. pouvoir できる pouvant pu	je peux (puis) tu peux il peut n. pouvons v. pouvez ils peuvent	je pouvais tu pouvais il pouvait n. pouvions v. pouviez ils pouvaient	je pus tu pus il put n. pûmes v. pûtes ils purent	je pourrai tu pourras il pourra n. pourrons v. pourrez ils pourront
43. vouloir のぞむ voulant voulu	je veux tu veux il veut n. voulons v. voulez ils veulent	je voulais tu voulais il voulait n. voulions v. vouliez ils voulaient	je voulus tu voulus il voulut n. voulûmes v. voulûtes ils voulurent	je voudrai tu voudras il voudra n. voudrons v. voudrez ils voudront
44. savoir 知っている sachant su	je sais tu sais il sait n. savons v. savez ils savent	je savais tu savais il savait n. savions v. saviez ils savaient	je sus tu sus il sut n. sûmes v. sûtes ils surent	je saurai tu sauras il saura n. saurons v. saurez ils sauront
45. valoir 価値がある valant valu	je vaux tu vaux il vaut n. valons v. valez ils valent	je valais tu valais il valait n. valions v. valiez ils valaient	je valus tu valus il valut n. valûmes v. valûtes ils valurent	je vaudrai tu vaudras il vaudra n. vaudrons v. vaudrez ils vaudront
46. falloir 必要である — fallu	il faut	il fallait	il fallut	il faudra
47. pleuvoir 雨が降る pleuvant plu	il pleut	il pleuvait	il plut	il pleuvra

条 件 法	接 続 法		命 令 法	同型活用の動詞
現　在	現　在	半　過　去	現　在	（注意）
je recevrais tu recevrais il recevrait n. recevrions v. recevriez ils recevraient	je reçoive tu reçoives il reçoive n. recevions v. receviez ils reçoivent	je reçusse tu reçusses il reçût n. reçussions v. reçussiez ils reçussent	reçois recevons recevez	apercevoir, concevoir
je devrais tu devrais il devrait n. devrions v. devriez ils devraient	je doive tu doives il doive n. devions v. deviez ils doivent	je dusse tu dusses il dût n. dussions v. dussiez ils dussent		（過去分詞は du＝de＋ le と区別するために男 性単数のみ dû と綴る）
je pourrais tu pourrais il pourrait n. pourrions v. pourriez ils pourraient	je puisse tu puisses il puisse n. puissions v. puissiez ils puissent	je pusse tu pusses il pût n. pussions v. pussiez ils pussent		
je voudrais tu voudrais il voudrait n. voudrions v. voudriez ils voudraient	je veuille tu veuilles il veuille n. voulions v. vouliez ils veuillent	je voulusse tu voulusses il voulût n. voulussions v. voulussiez ils voulussent	veuille veuillons veuillez	
je saurais tu saurais il saurait n. saurions v. sauriez ils sauraient	je sache tu saches il sache n. sachions v. sachiez ils sachent	je susse tu susses il sût n. sussions v. sussiez ils sussent	sache sachons sachez	
je vaudrais tu vaudrais il vaudrait n. vaudrions v. vaudriez ils vaudraient	je vaille tu vailles il vaille n. valions v. valiez ils vaillent	je valusse tu valusses il valût n. valussions v. valussiez ils valussent		
il faudrait	il faille	il fallût		
il pleuvrait	il pleuve	il plût		

●各課コラム執筆協力

近江屋志穂（法政大学法学部教授／Leçon 1）

大澤　彩（法政大学法学部教授／Leçon 2）

鈴木　正道（法政大学国際文化学部教授／Leçon 3）

フィリップ・ジョルディ（法政大学国際文化学部教授／Leçon 4）

フィリップ・カレンス（法政大学兼任講師、白百合学園中学高等学校教諭／Leçon 5）

酒井　健（法政大学文学部教授／Leçon 6）

岡村　民夫（法政大学国際文化学部教授／Leçon 7, 8, 12）

高澤　紀恵（法政大学文学部教授／Leçon 9）

大中　一彌（法政大学国際文化学部教授／Leçon 10）

廣松　勲（法政大学国際文化学部准教授／Leçon 11）

竹本　研史（法政大学人間環境学部教授／Leçon 13）

辻　英史（法政大学人間環境学部教授／Leçon 14）

宮下雄一郎（法政大学法学部教授／Leçon 15）

文法と文化で学ぶ
基礎フランス語

検印省略

©2023 年 1 月 30 日　初 版 発 行

著　者	近 江 屋 　 志 穂
	竹 　 本 　 研 　 史
発行者	原 　 雅 久
発行所	株式会社 朝 日 出 版 社

〒101-0065 東京都千代田区西神田 3-3-5
電話 (03) 3239-0271・72（直通）
振替口座　東京　00140-2-46008
http://www.asahipress.com/
メディアアート／図書印刷